Inhalt

W0071136

EDWIN VON BÖVENTER
JOHANNES HAMPE

Basiswissen Volks- wirtschaft
in 8 Stunden

Marktwirtschaft – Wettbewerb –
Preisbildung – Sozialprodukt –
Geld – Wachstum – Ökologie –
Außenhandel

Originalausgabe

Wilhelm Heyne Verlag
München

HEYNE-KOMPAKTWISSEN
Nr. 22/285

Herausgeber der Reihe »kompaktwissen«:
Dr. Uwe Schreiber

2. Auflage

Copyright © 1991
by Wilhelm Heyne Verlag GmbH & Co. KG, München
Printed in Germany 1992
Umschlaggestaltung: Atelier Ingrid Schütz, München
Satz und Grafiken: Schaber Datentechnik, Wels
Druck und Bindung: Ebner Ulm

ISBN 3-453-05093-2

I. Wirtschaftsordnung Marktwirtschaft: Grundlagen der Volkswirtschaftslehre

1. Markt und Staat: das Untersuchungsobjekt der Volkswirtschaftslehre

Das Wirtschaftsleben wird in den entwickelten, demokratisch organisierten Gesellschaften durch das Marktgeschehen gesteuert, aber auch durch Aktivitäten des Staates mitbestimmt: Die Aufgaben des Staats sind darin begründet, daß es erstens wichtige Güter gibt, die nicht über Märkte angeboten werden können und deshalb vom Staat angeboten werden müssen, und zweitens der Staat auf verschiedenen Ebenen — vom Gesamtstaat bis hinunter zu den Kommunen — wichtige *soziale* Funktionen zu erfüllen hat. Die Wirtschaftsordnung der Bundesrepublik Deutschland, die *»soziale Marktwirtschaft«* wurde als *»neuartige Synthese«* bezeichnet, mit der man durch eine genau bestimmte Rolle des Staates in der Wirtschaft sowohl einen ungeregelten marktwirtschaftlichen Kapitalismus umgeht, als auch die staatlich zentralgeleitete Verwaltungswirtschaft vermeidet und zu einer freiheitlichen, wirtschaftlich leistungsfähigen, sozial gerechten Wirtschafts- und Gesellschaftsordnung kommt.

Der Staat sorgt für die Einrichtung und Erhaltung des institutionellen Rahmens der Wirtschaftsordnung »soziale Marktwirtschaft«, indem er insbesondere Einschränkungen des Wettbewerbsprinzips verhindert, und er sorgt für eine nachträgliche Korrektur der Ergebnisse der Wettbewerbsprozesse, soweit sie aus sozialen Gründen unerwünscht sind.

Wir behandeln Marktprozesse für private Güter, müssen aber auf die ganz anderen Prinzipien hinweisen, nach denen die Versorgungsniveaus der über staatliche Instanzen angebotenen Güter und Leistungen (einschließlich sozialen Leistungen) durch die öffentliche Hand bestimmt werden. Als eine soziale Aufgabe des Gemeinwesens ist auch die Bewahrung der Umwelt im Interesse gegenwärtiger und zukünftiger Generationen zu sehen.

In allen Volkswirtschaften gibt es eine Art von Aufgabenteilung zwischen dem privaten Sektor und einem (mehr oder weniger stark ausgeprägten) öffentlichen Sektor: Dieser besteht aus staatlichen und halbstaatlichen Institutionen. Gebietskörperschaften der verschiedenen Ebenen vom Bund bis herunter zu den Gemeinden und die Sozialversicherung sind die wichtigsten Bestandteile des öffentlichen Sektors in der Bundesrepublik Deutschland. Wenn Ökonomen eine optimale Aufgabenteilung zwischen Markt und Staat fordern und als Grundprinzip formulieren »Soviel Markt wie möglich und soviel Staat wie nötig«, dann ist damit ein *Problem* angedeutet, aber keine allgemeine *Lösung* angegeben. Diese sieht in verschiedenen Ländern ganz unterschiedlich aus, je nach den historischen Entwicklungen der Gesellschaften und nach den Erfahrungen und Wertvorstellungen der Menschen: In der Aufgabenteilung zwischen privatem und staatlichem Sektor bestehen deshalb von Land zu Land wesentliche Unterschiede, schon zwischen den USA, Großbritannien und Deutschland, und erst recht, wenn man diese Volkswirtschaften mit weniger entwickelten vergleicht.

Nicht nur die Politik, auch das Wirtschaften ist die Kunst des Möglichen — jeweils im Rahmen der Beschränkungen, die den Handelnden in ihren Entscheidungen auferlegt sind. Alle Volkswirtschaften haben gemeinsam, daß dem Wirtschaften vielfältige, mehr oder weniger enge *Beschränkungen* gesetzt sind. Im Einkommen und Lebensstandard bestehen große internationale Unterschiede. Diese Unterschiede sind nur zum Teil auf Unterschiede in den natürlichen Reichtümern der Länder zurückzuführen. Manche Länder sind von Natur aus reich; in anderen wäre ohne internationale Arbeitsteilung und Handel kaum mehr als eine sehr kärgliche Nahrungsmittelversorgung möglich. Gleichzeitig aber sind manche Länder mit großen Rohstoffvorkommen wirtschaftlich gesehen relativ wenig entwickelt, während in anderen auch ohne natürliche Rohstoffe die Einkommen sehr hoch sind. Und auch *innerhalb* vieler

Länder gibt es große Unterschiede in den natürlichen Reichtümern zwischen verschiedenen Teilregionen und auch entsprechende Unterschiede in den Einkommen oder dem Lebensstandard (häufig gemildert durch Sozialleistungen); es gibt aber auch — in anderen Fällen — genau *entgegengesetzte* Unterschiede: in reichen Naturlandschaften werden niedrigere Einkommen erzielt als in verstädterten Landschaften, in denen die Natur an sich fast nichts zu bieten hat.

Die Beschränkungen des Wirtschaftens und die Unterschiede zwischen verschiedenen Ländern liegen außer in den von der Natur vorgegebenen Produktionsfaktoren — Boden, klimatische Bedingungen, Rohstoffvorkommen — in den damit kombinierten *produzierten* Produktionsfaktoren, der *Kapitalausstattung,* aber auch im wirtschaftlich relevanten Wissen und den Fähigkeiten der Menschen — ihrem Humankapital.

Zu den wichtigen Bedingungen des Wirtschaftens gehören neben den genannten Beschränkungen auch die gesellschaftlichen Strukturen, die Wertvorstellungen der Menschen und ihre Verhaltensweisen. Unter all diesen kurzfristig vorgegebenen *Beschränkungen* soll — sehr allgemein gesagt — das ökonomische *Ziel* einer möglichst reichlichen Güterversorgung und einer möglichst guten Umwelt angestrebt werden. Da aber die Güterversorgung und die Qualität der Umwelt miteinander konkurrieren, stellt sich die Frage, wieviel vom einen und wieviel vom anderen sollen jeweils realisiert werden? Dabei geht es auch um die Rolle des Staates: inwieweit sollten staatliche Instanzen ins Wirtschaftsleben eingreifen, Märkte regulieren oder Güter selbst anbieten: Wie soll die Wirtschaftsordnung aussehen? Mit der Wahl der Wirtschaftsordnung und der Festlegung der wirtschaftspolitischen Strukturen werden wichtige Vorentscheidungen im Hinblick auf die zu produzierenden Güter wie auch die Prinzipien der Umweltpolitik getroffen. Es geht dabei nicht nur um Produktions- und Konsumstrukturen, sondern in enger Verknüpfung damit um die Entscheidung über Konsum und Investition für die Zukunft und damit die Alternative zwischen gegenwärtigem und zukünftigem Konsum, wobei auch der Verbrauch an — mehr oder weniger guter — Umwelt eingeschlossen ist.

2. Das Wirtschaften und die Wirtschaftswissenschaft

Als »Wirtschaften« bezeichnet man sehr grob gesagt den umsichtigen, überlegten Umgang mit knappen Mitteln, also etwa Geld oder Gütern (wie zum Beispiel Vorräten) in Anbetracht bestimmter Ziele. Grundlegend für Möglichkeit wie auch Sinn des Wirtschaftens ist es, daß verschiedene Möglichkeiten der Verwendung gegebener (knapper) Mittel bestehen, daß also eine *Wahl zwischen Alternativen* zu treffen ist. Mit den Prinzipien und den Konsequenzen der Wahl unter verschiedenen Möglichkeiten beschäftigt sich auch die Wirtschaftswissenschaft.

Ein wenig genauer — aber immer noch sehr unbestimmt — ist die *Wirtschaft* definiert als der Bereich des menschlichen Lebens, der hauptsächlich zu tun hat mit der *Produktion,* dem *Tausch* (oder der *Übertragung,* dem Transfer) sowie der *Verwendung* von *Waren und Dienstleistungen,* mit den *Gütern* und mit den *Institutionen,* mit Hilfe oder innerhalb derer Güter produziert, konsumiert und getauscht werden.

Wir behandeln hier die die Funktionsweise der Wirtschaftsordnung »Marktwirtschaft«, in der die überwiegende Art des Tausches über *Märkte* geschieht und der Markt das *zentrale Koordinationsinstrument* dezentraler individueller Entscheidungen darstellt. Die Marktwirtschaft hat als ihre Grundlage eine Eigentumsordnung mit *Privateigentum,* in der Eigentumsrechte wohl definiert sind, in der die *Gewerbefreiheit* — innerhalb gesetzlicher Grenzen — garantiert ist, in der jeder einzelne in *Eigenverantwortung,* auf *eigenes Risiko* auf private Rechnung Gewinne oder Verluste erwirtschaftet.

Wir müssen im folgenden fragen,

— welche Arten von *Institutionen* dafür erforderlich oder sinnvoll sind,

— was für Typen von *Wirtschaftseinheiten* man in einer *Marktwirtschaft* vorfindet,

— welche Rolle — neben anderen Wirtschaftseinheiten — der *Staat* in einer Marktwirtschaft spielt oder sinnvollerweise spielen *sollte,*

- mit was für *Gütern* man es zu tun hat,
- wie man sie unter ökonomischen Gesichtspunkten systematisch abgrenzt und
- wie im einzelnen institutionelle Regelungen, Typen von Wirtschaftseinheiten und Typen von Gütern optimal einander zugeordnet werden sollen.

Der Markt ist wie gesagt unser *zentrales Koordinierungssystem* für alle privaten (dezentralen) Entscheidungen. Markt beinhaltet *Konsumentensouveränität,* d. h. die privaten Nachfrager steuern durch ihre Marktnachfrage und die Reaktion der Anbieter darauf Produktion und Verteilung der privaten Güter. Diese ökonomische Souveränität steht neben der *politischen Souveränität,* mit Hilfe derer über politische Prozesse und auch über die Art des Zusammenwirkens von Staat und Markt entschieden wird.

Wie funktioniert dieser »Markt«, und was kann er leisten? Dies sind die wichtigsten Fragen, mit denen wir uns beschäftigen. In dieser Einführung geht es um *Prinzipien,* nach denen eine *Marktwirtschaft* funktioniert, nicht aber um eine Beschreibung, wie konkret im einzelnen dieses Funktionieren aussieht, und schon gar nicht um eine Anleitung dafür, wie man in einer Marktwirtschaft möglichst viel Geld verdienen oder wie man glücklich werden kann.

Die Wirtschaftswissenschaft bietet *Methoden der Analyse,* welche vielfältig angewendet werden können. Die Beziehungen zu anderen Disziplinen sind sehr komplex: der Lebensbereich Wirtschaft kann von vielen verschiedenen Standpunkten aus betrachtet werden. Es kann das eigentlich *Wirtschaftliche,* das *Soziale,* das *Institutionelle,* das *Technische* im Mittelpunkt des Interesses stehen. Aber diese verschiedenen Aspekte sind nie exakt zu trennen, es sei denn, man vereinfacht, und das tut man sehr häufig, um einen ganz bestimmten Wirkungszusammenhang herauszuarbeiten. Die Wirtschaftswissenschaft ist Teil der Gesellschaftswissenschaft.

Wenn man wirtschaftliche Ereignisse *beobachtet, beschreibt* und Zusammenhänge zu *erklären* versucht, dann spricht man von *positiver Ökonomie.* Wenn man zur Unterscheidung von dem, was *ist,* nach dem fragt, was in einer bestimmten Situation *am besten wäre,* dann befindet man sich im Bereich der *normativen Ökonomie:* man versucht, bei gegebenen Beschränkungen unter Zugrundelegung bestimmter Gesetzmäßigkeiten im Hinblick auf gegebene Ziele das Bestmögliche, das *Optimum* zu ermitteln.

Zu *Urteilen* über Vergangenes gelangt man beim Vergleich tatsächlicher Entwicklungen mit den hypothetischen Veränderungen, die bei *denselben Ausgangsbedingungen* mit Hilfe *anderer* Entscheidungen *auch* möglich gewesen wären. Dabei haben Ökonomen auch den Ehrgeiz, *Prognosen* herzuleiten und *Empfehlungen* zu geben. Wer Beobachtetes aus bestimmten Ausgangsbedingungen ableiten und insoweit »erklären« kann, der versucht auch — umgekehrt — für ein *gegebenes Ziel* die *notwendigen Anfangsbedingungen* zu ermitteln. Erklärung, Prognose, Urteil und Empfehlungen über das richtige Handeln sind verschiedene Aspekte ökonomischer Betrachtung.

Der Wirtschaftswissenschaftler möchte wie jeder die konkrete Wirklichkeit untersuchende Wissenschaftler nicht die ganze Welt betrachten und erklären, sondern einen bestimmten *Ausschnitt* der gesamten Wirklichkeit, der *ihm* vom *jeweiligen* Standpunkt für ökonomisch wichtig erscheint. Um das *für ihn* Wesentliche herauszuarbeiten, läßt er alles für seine Betrachtung Unwesentliche weg — er »abstrahiert« von Unwesentlichem. Ein *Modell* ist ein vereinfachtes Bild der Welt, das der ökonomische Modellbauer mit nur wenigen Strichen gezeichnet hat, das für die jeweilige Betrachtung nur das unbedingt Notwendige enthält und alles andere wegläßt. Von jedem anderen Standpunkt aus ist dieses Bild unrealistisch und möglicherweise sogar ganz falsch, und für eine andere ökonomische Fragestellung ist es häufig unpassend.

3. Ökonomische Grundbegriffe: Wirtschaftseinheiten, Wirtschaftskreislauf, Produktionsfaktoren und Güterarten

Wir vereinfachen die viel kompliziertere Wirklichkeit, indem wir die vielen Typen der Wirtschaftseinheiten und ihre Verhaltensweisen und die schier unübersehbare Zahl von Gütern und

Produktionsfaktoren zu ganz wenigen mit jeweils charakteristischen Eigenschaften zusammenfassen. Wir betrachten für alle grundlegenden Darstellungen nur *drei Typen* von *Wirtschaftseinheiten* mit jeweils *spezifischen Aktivitäten*.

— Unternehmer produzieren, Haushalte konsumieren, und der Staat stellt öffentliche Güter zur Verfügung (die gleich unten genauer charakterisiert werden).

Die Haushalte sind die Eigentümer der Produktionsfaktoren, sie verkaufen diese den Unternehmern, erhalten dafür Einkommen und kaufen damit Güter für ihren Konsum. Die Unternehmer produzieren diese Konsumgüter mit den eingesetzten Produktionsfaktoren: sie zahlen Einkommen an die Haushalte und erhalten Konsumgüterausgaben von den Haushalten.

Berücksichtigt man *öffentliche Güter,* kommt der Staat explizit ins Spiel. Es mag sich dabei um die Nutzung von Straßen oder um öffentliche Sicherheit handeln. In beiden genannten Fällen ist die private Bereitstellung nicht ökonomisch sinnvoll: jeder einzelne Haushalt oder Betrieb kann nicht für sich selbst die Verkehrswege anlegen und sie instandhalten, und auch nicht für sich allein für die öffentliche (innere und äußere) Sicherheit sorgen. Solche Aufgaben kann nur die *Gemeinschaft der betroffenen Bürger* erfüllen. Ob dies eine Zentralregierung tut oder — auf unterster administrativer Ebene — eine Kommune oder etwa ein Stadtteil oder eine kleine Dorf- oder Siedlungsgemeinschaft, bleibt in dieser abstrakten Darstellung außer Betracht.

Unter Einbeziehung des Staates ergibt sich das in Abb. 1 dargestellte Kreislaufschema. Darin ist der Bereich privater Güter durch die dick gestrichelte Linie eingefaßt; die durchgezogene Linie markiert den Bereich öffentlicher Güter.

Die eingesetzten Faktoren werden üblicherweise in die *drei klassischen Produktionsfaktoren Arbeit, Boden* und *Kapital* unterteilt. Sie haben jeweils eigene und voneinander verschiedene Charakteristika. Auch dem liegen sehr starke Vereinfachungen der Betrachtung zugrunde:

— Der *Boden* ist von der *Natur* vorgegeben und wird traditionellerweise als unzerstörbare Produktivkraft angesehen,

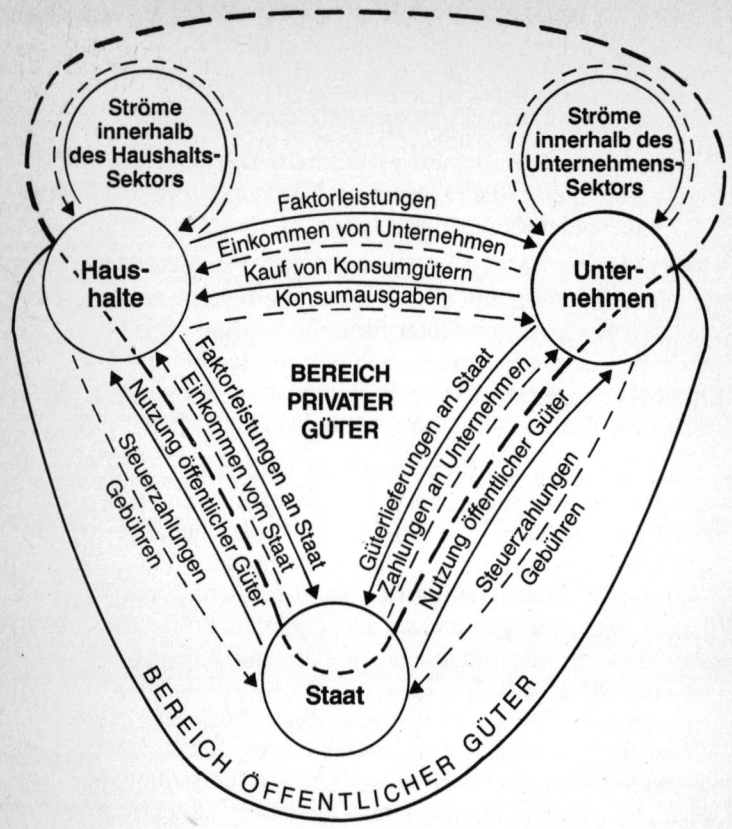

Abbildung 1　Kreislaufschema mit Staat

— das Kapital besteht einfach gesagt aus den von den Menschen *produzierten Produktionsfaktoren* (typischerweise Fabriken und Maschinen) und

— *Arbeit* ist der *menschliche Produktionsfaktor.*

Stark vereinfacht kann man zwar formulieren: der Boden ist unzerstörbar und unvermehrbar, das Kapital ist beliebig vermehrbar, und die Anzahl der *Menschen,* die Arbeit anbieten

16

können, ist ökonomisch nicht erklärbar. Dem ist aber gleich hinzuzufügen, daß

— der Boden sehr wohl zerstört (durch Raubbau, Vergiftung oder Erosion) oder auch durch Eindeichung und Amelioration »vermehrt« werden kann, daß
— Kapital zwar langfristig sehr stark, kurzfristig aber nur wenig vermehrt werden kann und
— der Produktionsfaktor Arbeit durch Lernen und Erfahrung verbessert wird; dabei spricht man in Analogie zur *Realkapitalbildung* bei der Arbeit von *Humankapitalbildung*.

Güter sind eigentlich die produzierten Güter *und* die Produktionsfaktoren. Güter im engeren Sinne sind produzierte *Waren* (Sachgüter) und *Dienstleistungen*. Güter im weiteren Sinn sind auch die Leistungen, welche eine Maschine, ein Beschäftigter oder auch der Boden oder eine Wohnung abgibt, wenn man sie nutzt.

Man unterscheidet zwischen *Bestandsgrößen* wie Boden, Kapital und Arbeit, welche zu einem *bestimmten Zeitpunkt existieren* und Stromgrößen, die in einer Zeitperiode fließen.

Die genannten Bestände geben *während einer Zeitperiode* Ströme von *Nutzungen* ab: Bodenleistungen, Kapitalleistungen und Arbeitsleistungen, und dafür werden Pachten (oder Mieten), Zinsen und Löhne gezahlt. Auch was während einer Zeitperiode als Ware oder Dienstleistung produziert oder als Vorleistung eingesetzt wird, ist eine *Stromgröße*, definiert als *Menge pro Zeiteinheit*. Das Einkommen — etwa pro Jahr — ist auch so eine Stromgröße.

Güter, welche über einen — mehr oder weniger langen — Zeitraum Nutzungen abgeben, nennt man *Gebrauchsgüter,* im Gegensatz zu den *Verbrauchsgütern,* welche auf *einmal* verbraucht werden und dabei als Güter »untergehen«.

Sodann unterscheidet man zwischen Konsum- und Investitionsgütern. Dieser Unterscheidung liegt nicht eine Eigenschaft der *Güter an sich,* sondern die jeweilige Absicht ihrer Verwendung zugrunde. Was in den Haushalten für den Konsum bestimmt ist, wird dadurch zum Konsumgut. Investitionsgüter sind nicht nur von den Unternehmungen angeschaffte Maschinen, sondern genauso eine Tonne Kohle, die für die Verwendung in der Produktion anderer Güter bestimmt ist. Entsprechend kann ein Auto je nach der Nutzung Konsumgut oder Investitionsgut sein.

Eine ganz wichtige Unterscheidung, die ebenfalls keine physische Eigenschaft »an sich« des Gutes zugrundelegt, ist die zwischen *knappen* (»ökonomischen«) und *freien* Gütern. Knappe Güter sind solche, von denen die Menschen mehr haben möchten, als jeweils vorhanden sind, und die deshalb *durch* den jeweiligen *Preis* »rationiert« werden, während dies bei den freien Gütern nicht der Fall ist: *freie Güter* sind dadurch *definiert,* daß auch bei einem Preis von Null mehr vorhanden ist, als gewünscht wird, wie — früher — gute Luft, oder der reichlich vorhandene Sand am Strand oder erst recht in der Sahara. Wenn von einem Gut mehr vorhanden ist, so daß es stört oder belästigt (wie Müll) und man dabei für seinen Abtransport etwas zu zahlen bereit ist, hat es einen negativen Preis.

Eine wichtige Eigenschaft eines Gutes kann darin bestehen, daß seine Nutzung oder sein Genuß immer notwendigerweise *vielen Menschen zugute kommt.* (So kann z. B. ein Park von vielen Bürgern genutzt werden.) Es geht dann darum, ob eine *Ausschlußmöglichkeit* und eine *Rivalität* zwischen verschiedenen Konsumenten besteht oder nicht. So unterscheidet man zwischen privaten und öffentlichen Gütern je nachdem, ob ein Gut jeweils nur bestimmten Personen oder allen zugute kommt. Mit den privaten Gütern beschäftigen wir uns zuerst und erläutern bei dieser Behandlung ein weiteres grundlegendes Modell, das einfachste Marktmodell.

4. Der Markt als primäres Koordinationsinstrument in der Marktwirtschaft

Herzstück und Mittelpunkt der Marktwirtschaft ist der *Markt,* ursprünglich in seiner wirklichen Bedeutung als der Ort, an dem Verkäufer und Käufer sich persönlich treffen, Güter anbieten und nachfragen, Preise je nach Angebot und Nachfrage neu aushandeln (oder auch einfach aus der Vergangenheit übernehmen) und Güter tauschen. Der Markt war auch häufig gleichzeitig der *Marktort,* der einen Mittelpunkt des gesellschaftlichen Lebens einer überschaubaren Gemeinschaft darstellte. Der Markt ist in unserer Disziplin später jedoch zunehmend zu einem *gedachten Ort* geworden, an dem auch ohne ein persönliches Zusammentreffen Nachfrager und Anbieter jeweils ihre Zahlungsbereitschaft und ihre Lieferbereitschaft über Preise und Mengen zum Ausgleich bringen, nachdem sie sich über die wirtschaftliche Lage im allgemeinen und über die sie interessierenden Güter im besonderen informiert haben.

Symbol der abstrakten Beschäftigung mit dem Markt ist das »Marktkreuz« für ein zunächst nicht näher bezeichnetes Gut X, das sich aus dem Zusammentreffen (nicht von Menschen, sondern) von *Angebotskurve* (A) und *Nachfragekurve* (N) für verschiedene Mengen x ergibt (vgl. Abb. 2a). Im Schnittpunkt der beiden Kurven lassen sich ein Gleichgewichtspreis p* und die Gleichgewichtsmenge x* ablesen, bei denen Angebot und Nachfrage sich ausgleichen; das heißt, die zum Gleichgewichtspreis angebotene Menge entspricht der zu diesem Preis nachgefragten Menge. Man legt dabei den *normalen Fall* zugrunde, daß (i) mit steigendem Preis die angebotene Menge steigt oder anders gesagt eine *höhere* Angebotsmenge nur aufgrund eines höheren Preises zustandekommt und daß (ii) bei der Nachfrage — umgekehrt — ein höherer Preis die nachgefragte Menge zurückgehen läßt, also das Angebot eine steigende und die Nachfrage eine fallende Funktion des Preises ist. Man kann auch sagen: eine vergrößerte Menge führt zu einem verringerten Preis; und umgekehrt: bei einem niedrigeren Preis wird eine größere Menge nachgefragt. Dies ist die historische Art der Fragestellung nach der *Preisbildung* in *Abhängigkeit von der Menge;* deshalb wird üblicherweise der Preis auf der Ordinate und die Menge auf der Abszisse — als die *unabhängige Variable* — aufgetragen. Bei einem zu hohen Preis p^h ($p^h > p^*$ — vgl. Abb. 2b) ist die nachgefragte Menge kleiner als die angebotene, bei einem niedrigeren Preis p^n ($< p^*$) ist die *angebotene* Menge kleiner als die dazugehörige Nachfragemenge. Bei zu *hohem Preis* hat man einen *Angebotsüberschuß* beziehungsweise ein *Nachfragedefizit,* bei zu niedrigem Preis einen *Nachfrageüberschuß* beziehungsweise ein *Angebotsdefizit* — vgl. die Strecken $A^ü$ und $N^ü$ in Abb. 2b.

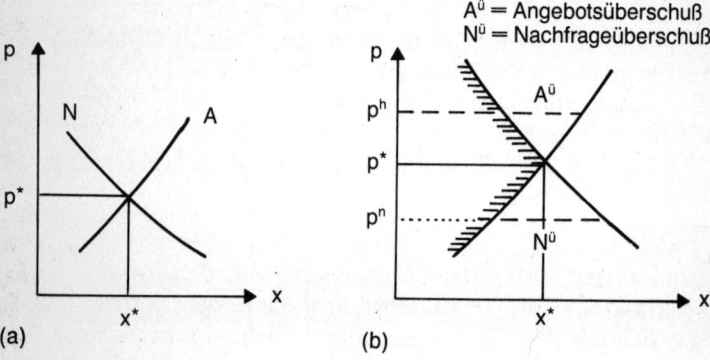

(a)   (b)

Abbildung 2a und 2b   Marktmodelle

Der Gleichgewichtspreis p^* beinhaltet: wer entsprechend der hier zugrundegelegten *Nachfragefunktion mindestens* den Preis p^* zu zahlen bereit ist, der kommt auch zum Zuge. Auf der Angebotsseite kommt bei dieser Angebotsfunktion jeder zum Zuge, der *höchstens* den Preis p^* verlangt. Alle anderen Marktteilnehmer gehen leer aus. Beim Gleichgewichtspreis erreicht die umgesetzte Menge ihr Maximum. Die zu anderen Preisen sich ergebenden Umsatzmengen sind in der Abbildung durch die Schraffur gekennzeichnet. Man kann auch sagen: die kürzere Marktseite setzt sich durch.

Das hinter dieser Betrachtung stehende ökonomische Denken bedeutet vereinfacht gesagt ein *Denken in Alternativen* und im

Hinblick auf vorgegebene Ziele das Auswählen der im jeweiligen Falle *bestmöglichen* Alternativen. Ein im Vergleich zu p* *höherer* Preis bedeutet, daß für *einige* potentielle Käufer *andere Verwendungen* der bisherigen Ausgaben attraktiver werden, während bei einem *niedrigeren* Preis jetzt *dieses* Gut attraktiver wird. In ähnlicher Weise gilt für die Anbieter: bei *höherem* Preis wird das Angebot dieses Gutes lohnender und bei *niedrigerem* Preis wird das Angebot *anderer* Güter lohnender.

Die *beste Auswahl* unter Alternativen bedeutet etwas abstrakter formuliert: Unter jeweils *gleich gut* bewerteten wird die *billigste* Möglichkeit gewählt, und bei *gleichem Aufwand* wird die *besser bewertete* Alternative gewählt. Mit Preisänderungen wird jeweils das *billigere* Gut für die *Käufer attraktiver* als konkurrierende Güter, für die Anbieter hingegen weniger lohnend. All dies erscheint plausibel, die Zusammenhänge müssen aber beschrieben und sodann näher analysiert werden.

Das beschriebene Beispiel bedeutet gleichzeitig: wenn *zwei Menschen* ein Gut *unterschiedlich hoch bewerten,* dann kommt der von den beiden eher zum Zuge, der die *höhere Zahlungsbereitschaft* besitzt.

In diesem Sinne beinhaltet ökonomisches Denken bei der Betrachtung der Alternativen die Gegenüberstellung von *Kosten* und *Nutzen,* und zwar jeweils in *Geldeinheiten* gerechnet.

5. Die Alternativen zum Markt: Zuteilung durch Autorität, Verhandlungen und Wahlen

Dieses Prinzip der Verwendung oder Zuteilung von Gütern aufgrund *monetärer Kriterien* kann man besser verstehen und würdigen, wenn man sich zunächst einmal Alternativen zum Markt vor Augen führt. Dabei kann man insbesondere *autoritäre Lösungen, Verhandlungslösungen* und *Wahlen* als Lösungsprinzipien betrachten.

Beginnen wir mit der vorgegebenen Menge x eines Gutes, die einer bestimmten Anzahl n von Interessenten zugeteilt werden soll. Etwa wenn alle als gleich bedürftig angesehen werden, mögen sie es als vernünftig oder gerecht empfinden, daß sie — z. B. bei der Zuteilung von Essensportionen — alle gleich viel (also x/n) bekommen. Es wird selten allgemein gebilligt, wenn die Stärksten oder Schnellsten oder Geschicktesten als erste zum Zuge kommen. Ein Zuteilungsmechanismus, der nur auf *Tradition,* auf der Beibehaltung *historischer Anteile* beruht, ist in mancher politisch schwierigen Situation die einzig praktikable Lösung. Häufig sind solche historischen Daten der Ausgangspunkt für *Verhandlungslösungen:* dabei spielen Verhandlungsgeschick und die Bedürftigkeit der einzelnen Verhandlungspartner eine Rolle, es geht aber ganz wesentlich auch darum, was die einzelnen als Gegenleistung für eine Konzession zu bieten bereit sind. Dies gilt auch für den Fall, daß Zuteilungen von Gütern durch politische *Wahlen* bestimmt werden.

Wenn man bei *»autoritären Lösungen«* von Fällen völliger behördlicher Willkür oder unberechenbarer Herrscherwillkür absieht, dann gelangt man zur Zuteilung nach im einzelnen Falle angegebenen *Kriterien* oder Prinzipien und kann jeweils eine *Rangordnung* definieren, nach der die Interessenten zum Zuge kommen:

(1) Rangordnung nach *Verdiensten* in der Vergangenheit, tatsächlichen Leistungen für die Gemeinschaft oder auch »Verdiensten« gegenüber den Herrschenden, etwa auch nach Häufigkeit der Zustimmung zu Meinungen oder Maßnahmen der Herrschenden, nach verwandtschaftlicher oder sonstiger »Nähe« zum Herrscher, insgesamt kann man sagen aufgrund *vergangener Ereignisse* oder eines *Besitzstandes,*

(2) Rangordnung nach einem Kriterium der *Bedürftigkeit* der einzelnen Personen.
Den Rangordnungen nach auf der *Vergangenheit* basierenden oder in der *Person* des einzelnen liegenden Kriterien ist gegenüberzustellen eine

(3) Rangordnung der Interessenten nach der *Zahlungsbereitschaft,* gemessen in Geld.
Die Zuteilung erfolgt jeweils nach der festgelegten Rang-

ordnung, bis die jeweilige Menge erschöpft ist — vgl. Abb. 2a).

Beim *Angebot* wollen wir nur zwei Alternativen der Rangordnung kurz erwähnen: durch *Zwang* aufgrund autoritärer oder gesetzlicher Regelungen und durch ökonomische Kriterien aufgrund von Anreizen. Haben wir bei der *Zuteilung* bestimmter Mengen die Interessenten als nach der Stärke — der Größe des Verdienstes, der Bedürftigkeit und der Zahlungsbereitschaft — geordnet betrachtet, so erhalten wir beim Angebot eine umgekehrte Rangordnung: wer nach (1) bei der *autoritären Festlegung* am schwächsten ist, also dem Zwang am wenigsten leicht ausweichen kann, und wer nach (2) bei der Marktlösung den geringsten Anreiz durch den Preis benötigt, also am billigsten liefern kann, der ist jeweils der am ehesten aufgeforderte beziehungsweise zum Zuge kommende Anbieter. Diesem ersten Anbieter folgen schließlich weitere, bei denen entweder — bei (1) — immer größerer *Zwang* nötig ist, damit weitere Einheiten des Gutes bereitgestellt werden, oder — bei (2) — größere *Anreize* notwendig sind. Beides, auf der Nachfrageseite und auf der Angebotsseite kann auf dieselbe Menge x^o bezogen werden. Nur bei der *Marktlösung* können wir die zuzuteilende Menge als Gleichgewichtsmenge ableiten. Dies ist zweifellos ein enormer Vorteil der Marktlösung, wie schon oben erwähnt.

Was spricht sonst für die Anwendung der verschiedenen Kriterien der Rangordnung? Bei der *Zuteilung von Gütern* spricht für die Zugrundelegung der *Bedürftigkeit* als Kriterium zunächst einmal die Vorstellung der Gerechtigkeit, wie wir sie innerhalb einer Familie angewendet sehen oder uns innerhalb eines Staatswesens vorstellen können, wenn etwa die Bedürfnisse verschiedener Gemeinden oder auch verschiedener Gruppen zur Debatte stehen. Bevor wir jedoch die Frage der Gerechtigkeit weiter verfolgen, betrachten wir die Konsequenzen der Anwendung der beiden anderen Kriterien. Als ganz wesentliche Unterschiede bei der Anwendung der Kriterien (1) und (3) können wir folgendes festhalten:

ad (1): Das erste Kriterium ist im Prinzip *vergangenheitsbezogen* und berücksichtigt, *wer* oder *was* jemand *ist,* was seine

Position ist. Diese mag auf seinen Eigenschaften oder vergangenen Leistungen beruhen. Sie besagen aber nichts darüber, wie hoch das *betreffende Gut bewertet* wird, ob die Person das Gut überhaupt braucht, beziehungsweise ob sie »bedürftig« ist, ob der Betreffende irgendwelche *Kosten in Erwägung zieht* und wie hoch insbesondere das Gut im *Vergleich zu Alternativen* geschätzt wird.

ad (3): Das Kriterium der *Zahlungsbereitschaft* berücksichtigt speziell die *Kosten von Alternativen,* wie dies für überlegtes, umsichtiges Wirtschaften oben gefordert wurde. Wer für dieses Gut den Preis p* zu zahlen bereit ist, der zieht — bei überlegtem Handeln — den Kauf dieses Gutes offensichtlich dem anderer Güter vor, die genausoviel kosten würden. Alternativen werden also in Erwägung gezogen: es wird keine bessere Verwendung dieses Geldbetrages gesehen. Daher werden *Wünsche* (*Präferenzen* wie wir sagen) *und* die *Zahlungsfähigkeit* in Betracht gezogen.

ad (2): Wie sieht es aber mit einem Bedürftigen aus, der *nicht* zum Zuge kommt, nur weil er nicht die Mittel besitzt, ebenfalls ein genügend hohes Angebot für den Kauf zu machen? Der *Markt an sich* hilft ihm nicht, wenn ein anderer mehr bietet. Damit kommen wir zu dem oben betonten Zusatz *soziale Marktwirtschaft.* Dieses Wirtschaftssystem erhebt den Anspruch, sozial und insoweit auch gerecht zu sein, weil in ihm über die *Sozialpolitik* Maßnahmen vorgesehen werden derart, daß sich alle Menschen einen Mindeststandard an Güterversorgung leisten können. Über *politische Prozesse* haben die Bürger — über ihre Volksvertretungen — dafür zu sorgen, daß solche Mindeststandards für alle eingehalten werden. Daß die jeweils festgelegten Einkommensminima von vielen als ungerecht — den einen zu niedrig, anderen als zu hoch — empfunden werden, liegt in der Natur des Problems, und der Hinweis auf nötige oder mögliche Privatinitiative zur Selbsthilfe nützt oft nicht viel. Wichtig ist in diesem Zusammenhang der Hinweis, daß politische Auseinandersetzungen um Einkommensanteile zum Wesen der Demokratie und insbesondere zu einer sozialen Marktwirtschaft gehören.

Es wurde oben gesagt, daß das Gut X nicht näher bezeichnet ist: das einfache Marktmodell läßt sich im Prinzip sowohl auf ein Konsumgut wie auch auf einen Produktionsfaktor wie Arbeit anwenden, wie auch — nur um einige Beispiele zu nennen — auf Zwischenprodukte und Kapitalgüter (und damit den Tausch *zwischen* Unternehmungen) und auf das Sparen der Haushalte und das Investieren der Unternehmungen. Das Marktmodell ist überall dort brauchbar, wo Entscheidungen über Alternativen betrachtet werden und Preise als Steuerungsinstrument dienen.

II. Das Gesetz von Angebot und Nachfrage: Kosten, Preise und die Funktion des Wettbewerbs

1. Bedürfnisse und Nachfrage: Die Bestimmungsfaktoren der Haushaltsnachfrage

Im ersten Kapitel haben wir den Markt als Ort des Zusammentreffens von Angebot und Nachfrage bezeichnet. Dabei wurde bereits kurz auf das Konzept der Nachfragefunktion eingegangen, die die gewünschte Nachfrage nach einem Gut in Abhängigkeit von seinem Preis abbildet. Ein typischer Verlauf ist in Abbildung 3 dargestellt.

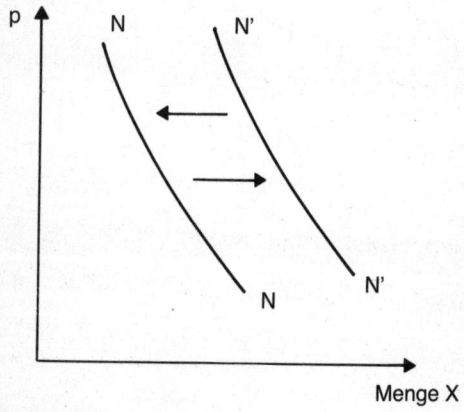

Abbildung 3 Nachfragekurve

Die Nachfragekurve hat einen fallenden Verlauf: Je geringer der Preis, desto höher ist die Nachfragemenge. Verteuert sich ein Gut, so wird es weniger nachgefragt. Wir können diese Kurve als die individuelle Nachfragekurve eines Haushalts interpretieren, oder als eine Marktnachfragekurve, die für jeden Preis die Summe der von allen Nachfragern gewünschten Mengen angibt.

Der Preis eines Gutes ist ein wichtiger Bestimmungsfaktor der Nachfrage, doch sicherlich nicht der einzige. Wir wollen in diesem Kapitel auf weitere Bestimmungsgründe der Nachfrage eingehen und ihr Zusammenwirken aufzeigen.

Ob ein Gut überhaupt nachgefragt wird, hängt zunächst von den Bedürfnissen (der Wertschätzung) der Nachfrager ab oder, wie es die Ökonomen ausdrücken, von den Präferenzen der Haushalte. Unterschiedliche Wertschätzungen drücken sich in unterschiedlich hohen Zahlungsbereitschaften aus. Daher werden bei einem hohen Preis nur die Konsumenten als Nachfrager auftreten, die eine sehr hohe Präferenz für das betrachtete Gut besitzen. Bei einem sinkenden Preis werden schließlich auch Nachfrager mit einer geringeren Zahlungsbereitschaft bereit sein, das Gut zu kaufen, so daß die nachgefragte Menge steigt. Dies ist eine Erklärung für den fallenden Verlauf der Nachfragekurve.

Wertschätzungen eines Gutes können sich im Zeitablauf verändern, z. B. durch den Einfluß der Mode oder wie im Falle bestimmter Nahrungsmittel durch ein verändertes Gesundheitsbewußtsein. Eine Höherschätzung eines Gutes führt dazu, daß sich die Nachfrage zu jedem gegebenen Preis erhöht, weil nun mehr Leute bereit sind, das Gut zu kaufen. In Abb. 3 drückt sich dies in einer Rechtsverschiebung der Nachfragekurve von N nach N' aus.

Konsumentscheidungen werden aber nicht nur von Präferenzen und Preisen, sondern auch von den verfügbaren Einkommen beeinflußt. Eine Erhöhung des Haushaltseinkommens ermöglicht es, mehr Güter oder Güter in größeren Mengen zu kaufen. Man kann deshalb vermuten, daß eine Einkommenserhöhung zu einer erhöhten Nachfrage führt, was sich ebenfalls in einer Rechtsverschiebung der Nachfragekurve ausdrückt (Abb. 3). Ein entsprechendes Gut wird als superior bezeichnet. Aber auch der entgegengesetzte Effekt ist denkbar: Ermöglicht eine Einkommenserhöhung den Konsum anderer Güter, die bisher zu teuer waren, so kann ein Substitutionsprozeß stattfinden. Das ursprünglich betrachtete Gut würde dann bei einer Einkommenserhöhung weniger nachgefragt, die Nachfragekurve würde sich nach links (von N' nach N) verschieben.

Ein historisches Beispiel für ein sogenanntes inferiores Gut ist der Konsum von Roggenbrot. Solange die Haushaltseinkommen sehr niedrig waren, konnten sich viele Familien keine teuren Brotsorten leisten. Erst der Anstieg der Masseneinkommen im 20. Jahrhundert hat den Konsum anderer Brotsorten ermöglicht und zum Rückgang der Nachfrage nach Roggenbrot geführt.

Betrachten wir noch einmal die andere Güterkategorie, die der superioren Güter. Hier können wir drei Fälle unterscheiden: Zum einen kann die Nachfrage im gleichen Ausmaß steigen wie das Einkommen. Sie kann aber auch unter- oder überproportional zunehmen. Die zweite Entwicklung ist typisch für Güter des Grundbedarfs: Nahrungsmittel, Kleidung, etc. Eine überproportionale Nachfragesteigerung zeichnet dagegen die Luxus-Güter aus, z. B. Urlaubsreisen oder Dienstleistungen der Unterhaltungs- und Bildungsbranche. Diese unterschiedlichen Einkommenswirkungen führen dazu, daß sich im Zeitablauf Verschiebungen in den Ausgabenanteilen ergeben und damit auch in der gesamten Nachfragestruktur. So ist in der Bundesrepublik Deutschland der Anteil der Haushaltsausgaben für Nahrungs- und Genußmittel von über 50 % (1950) auf etwa 30 % (1980) und rund 24 % (1989) gesunken, der Anteil der Ausgaben für Verkehr und Nachrichtenübermittlung dagegen von 2 % auf rund 14 % bzw. 15,5 % gestiegen.

Kehren wir zu unserer ursprünglich betrachteten Nachfragefunktion zurück: den Zusammenhang zwischen der nachgefragten Menge und dem eigenen Preis des Gutes. Die Mengenreaktion auf eine Preisänderung kann unterschiedlich stark ausgeprägt sein: Ist sie nur gering oder gar nicht vorhanden, sprechen wir von einer unelastischen, bzw. starren Nachfrage. Reagiert die Nachfragemenge dagegen sehr stark, wird die Nachfrage als elastisch charakterisiert. Ein in diesem Zusammenhang verwendetes Maß ist die Preiselastizität der Nachfrage: Sie gibt ungefähr an, um wieviel Prozent die nachgefragte Menge eines Gutes sinkt, wenn der Preis eines Gutes um ein Prozent steigt.

Ähnlich ist die Einkommenselastizität der Nachfrage definiert: Sie drückt aus, um wieviel Prozent sich die nachgefragte Menge erhöht, wenn das Einkommen um ein Prozent steigt. Beide Konzepte spielen eine wichtige Rolle in der angewandten Wirtschaftsforschung, wenn es darum geht, zukünftige Nachfrageänderungen zu prognostizieren. Wenn sich z. B. die Einkommenselastizität hinreichend genau ermitteln läßt, kann die voraussichtliche Entwicklung der Nachfrage aus der vermuteten Einkommensentwicklung abgeleitet werden.

Die Kenntnis der Preiselastizität spielt auch in der steuerpolitischen Diskussion eine wichtige Rolle: Wird eine Verbrauchssteuer, etwa die Tabaksteuer, erhöht, um höhere Einnahmen zu erzielen, so ist es wichtig zu wissen, wie stark dadurch die Tabaknachfrage zurückgeht. Ist die Preiselastizität sehr hoch, sinkt die nachgefragte Menge (bezogen auf eine einprozentige Preiserhöhung) also stark, so verringert sich das Tabaksteueraufkommen (als Produkt von Steuersatz und besteuerter Menge) sogar.

Wir haben bisher nur den eigenen Preis eines Gutes berücksichtigt. Für die Konsumentscheidung ist aber nicht nur die absolute Höhe des Preises in Relation zum verfügbaren Einkommen relevant, sondern auch die relative Höhe im Vergleich zu den Preisen anderer begehrter Güter. So kann das betrachtete Gut bei einer Preiserhöhung sogar relativ billiger werden, wenn die Preise anderer Güter noch stärker steigen.

Veränderungen in den Preisen weiterer Güter können bei Konstanz des Einkommens und des eigenen Preises zu einer Erhöhung oder einer Verringerung der Nachfragemenge führen. Das entspricht einer Verschiebung der Nachfragekurve wie in Abb. 3.

Die Art der Nachfragereaktion hängt davon ab, in welcher Beziehung die Güter zueinander stehen. Betrachten wir einmal als ein Beispiel die Nachfrage nach Benzin, Motoröl und öffentlichen Verkehrsleistungen. Steigt der Benzinpreis, geht die Nachfrage nach Benzin zurück, es wird weniger Auto gefahren. Damit sinkt aber auch der notwendige Motorölverbrauch, denn der Verbrauch von Öl und Benzin steht in einem komplementären Verhältnis. Eine Erhöhung des Benzinpreises führt also zu einer Linksverschiebung der Motoröl-Nachfragekurve in Abb. 3. Eine Verteuerung des Autofahrens senkt — relativ gesehen — den Preis für die Inanspruchnahme der öffentlichen Verkehrsmittel. Es wird attraktiver, mit dem Bus zu fahren und eigene private Verkehrsleistungen durch öffentliche zu substituieren. Auch bei unverändertem Preis für ein Busticket wird der Bus mehr benutzt. Ein erhöhter Benzinpreis drückt sich folglich in einer Rechtsverschiebung der Nachfragekurve für öffentliche Verkehrsleistungen aus (in Abb. 3 von N nach N').

Zusammenfassend können wir festhalten, daß für die Nachfrage nach einem Gut nicht nur der eigene Preis auschlaggebend ist, sondern auch die Preise substitutiver und komplementärer Güter von Bedeutung sind. Außerdem können Veränderungen in den Wertschätzungen der Nachfrager sowie eine Veränderung der verfügbaren Einkommen die Nachfrage positiv oder negativ beeinflussen. Wenn wir also vereinfachend eine Nachfragekurve wie in Abb. 3 für unsere weiteren Überlegungen verwenden, so ist die Lage dieser Kurve nur bei Konstanz der anderen Einflußfaktoren (Preise anderer Güter, Präferenzen, Einkommen) eindeutig bestimmt.

2. Produktion und Kosten: Technische Effizienz, Kostenminimierung und Kostendeckung

Wie das Angebot einer Unternehmung zustandekommt, läßt sich nur verstehen, wenn man die Bestimmungsfaktoren der Produktions- und Kostenplanung kennt. Allerdings betrachtet die Volkswirtschaftslehre die Unternehmerentscheidungen — im Rahmen der Mikroökonomie — sehr viel abstrakter als die Betriebswirtschaftslehre: Nicht das Geschehen in einer konkreten Unternehmung soll erklärt werden, sondern die mikroökonomische Analyse hat vor allem den Zweck, das Zusammenspiel von Nachfragern (Haushalten) und Anbietern (Unternehmen) auf Gütermärkten und von Anbietern von Faktorleistungen (Haushalten) und Nachfragern nach Faktorleistungen (Unternehmen) auf Faktormärkten in Modellen abzubilden und damit die wechselseitigen Abhängigkeiten aller einzelwirtschaftlichen Entscheidungen in der Volkswirtschaft (die allgemeine ökonomische Interdependenz) und deren Steuerung durch die Märkte zu zeigen.

Der Begriff »*Produktion*« umfaßt in der Volkswirtschaftslehre sehr viel mehr Aktivitäten als im umgangssprachlichen Gebrauch. Produktion ist ganz allgemein die Umwandlung von Produktionsfaktoren in Güter (Waren und Dienstleistungen). Dazu gehört aber auch die Transformation eines Gutes oder mehrerer Güter in ein *andersartiges* Produkt: Bei Vorleistungen, Zwischenprodukten und Investitionsgütern ist das klar. Zwei Güter sind jedoch im ökonomischen Sinn schon verschieden, wenn sie nicht von allen Nachfragern als völlig austauschbar (homogen) angesehen werden. Auch der Transport eines Gutes ist deshalb »Produktion«. Ein Kühlschrank in Hamburg ist ökonomisch nicht das gleiche Gut wie ein Kühlschrank in München.

In jeder Volkswirtschaft ist zu einem gegebenen historischen Zeitpunkt die Kenntnis einer bestimmten Anzahl von Produktionsverfahren (Produktionsprozessen) vorhanden, die die »Rezepte« zur Umwandlung der Produktionsfaktoren zusammen mit den Vorleistungen (input) in Güter (output) beschreiben. Jeder Produktionsprozeß läßt sich in einem Produktionsplan festlegen, der eine bestimmte Kombination von Inputmengen und Outputmengen angibt. Stehen mehrere Prozesse zur Erzeugung des gleichen Output zur Verfügung, kann man einen Prozeß durch einen anderen ersetzen. Unterscheiden sich die Prozesse durch kontinuierlich veränderbare Anteile der eingesetzten Produktionsfaktoren, stellt sich die Frage der Faktorsubstitution, z. B. von Arbeit durch Kapital. Bei industriellen Produktionsprozessen sind die Faktoranteile meist fest vorgegeben (limitationale Produktionsprozesse), man kann dann z. B. den Einsatz von Maschinen und Arbeitskräften nur gemeinsam in einem feststehenden Verhältnis ändern.

Ökonomisch interessant sind unter allen realisierbaren Produktionsplänen nur die, die auch technisch effizient sind, d. h. mit denen mit einer gegebenen Faktormenge die größtmögliche Produktmenge hergestellt wird und die Einsatzmenge keines Faktors hätte geringer sein können, also wo keine inputs verschwendet werden. Die Gesamtheit aller technisch effizienten Produktionspläne (Produktionsprozesse) heißt *Produktionsfunktion.*

Unsere weiteren Überlegungen erfordern die Beschäftigung mit der Frage:

— wie verändert sich der Output, wenn ein Faktor variiert und alle anderen Faktoreinsatzmengen konstant bleiben (partielle Faktorvariation)?

Wir veranschaulichen die Problemstellung graphisch:

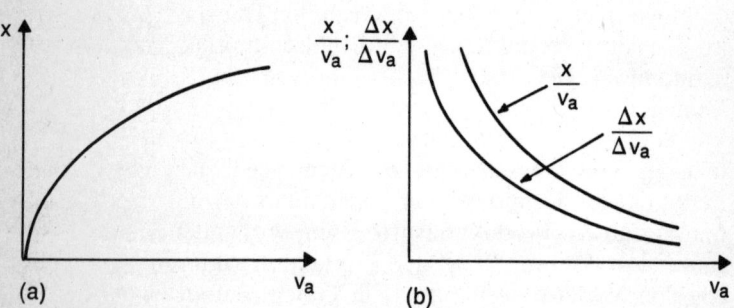

(a)

(b)

Abbildung 4a   Partielle Ertragsfunktion
               (durch partielle Faktorvariation)
Abbildung 4b   Durchschnitts- und Grenzertragsfunktion

Außer dem *Gesamtertrag* haben wir es mit den wichtigen Begriffen *Durchschnittsertrag* und *Grenzertrag* oder marginalem Ertrag zu tun. Der Durchschnittsertrag bezogen auf den variablen Faktor ist der Gesamtertrag dividiert durch die eingesetzte

Faktormenge, also x/v_a, und der *Grenzertrag* (die Grenzproduktivität) ist die Veränderung des Gesamtertrags Δx aufgrund des Mehreinsatzes einer zusätzlichen Faktoreinheit: $\Delta x/\Delta v_a$. Dies soll durch ein einfaches Zahlenbeispiel (vgl. Tabelle 1) erläutert werden, in dem wir die Einsatzmenge v_a in diskreten Schritten von 1 auf 6 steigen lassen und die entsprechenden Werte für x, Δx und x/v_a angeben. Δx ist eigentlich zu lesen als $\Delta x/\Delta v_a$, der Zähler ist aber wegzulassen, weil er in den erwähnten Schritten immer gleich 1 ist.

Tabelle 1: Werte bei $p=2$ und $q_a=3$						
(1) Faktormengen v_a	1	2	3	4	5	6
(2) Gesamtertrag x	6	10	13	15	16	16,5
(3) Grenzertrag Δx	6	4	3	2	1	0,5
(4) Durchschnittsertrag x/v_a	6	5	4,33	3,75	3,2	2,75
(5) Ertragswerte px in DM	12	20	26	30	32	33
(6) Wertgrenzprodukt $p\Delta x$	12	8	6	4	2	1
(7) variable Kosten $q_a v_a$ in DM	3	6	9	12	15	18
(8) Grenzkosten in DM je Produkteinheit $q_a \Delta v_a/\Delta x$	0,5	0,75	1	1,5	3	6

In diesem Beispiel nimmt der Ertrag mit steigendem Faktoreinsatz v_a zu, aber von Mal zu Mal immer weniger: die Ertragszuwächse, auch Grenzerträge genannt, werden beginnend mit der Größe 6 immer kleiner (Zeile 3). Solch ein Ergebnis ist in der Realität häufig darauf zurückzuführen, daß die Einheiten dieses Faktors v_a mit immer kleineren durchschnittlichen Mengen des anderen Faktors v_f zusammenarbeiten müssen (der fixe Faktor wird — relativ gesehen — immer knapper, während v_a/v_f steigt). Man sagt in einem solchen Falle: Es gilt das **Gesetz fallender Grenzerträge** oder **abnehmender Ertragszuwächse.** Der Durchschnittsertrag sinkt in diesem Beispiel ebenfalls, aber viel langsamer als der Grenzertrag.

Die Funktion, welche jeder geplanten Produktmenge x die Kosten K(x) zuordnet, heißt Kostenfunktion. Die Kostenfunktion bei kostenminimaler Produktion setzt voraus, daß **alle** Produktionsfaktoren variierbar und verfügbar sind, ist also insofern ein Spezialfall. Er ist vor allem bei langfristiger Betrachtung relevant, wenn alle Faktormengen verändert werden können, z. B. bei Neubau einer Fabrik.

Läßt sich die Kombination der Produktionsfaktoren bei der Produktion in gewissem Maße variieren (substitutionale Technologie), so kann man **kurzfristig** bei konstantgehaltener sonstiger Faktorausstattung durch Mehreinsatz eines Faktors die Produktion erhöhen, z. B. indem man bei gegebenen Produktionsanlagen mehr Arbeitskräfte einstellt und die Produktion durch erhöhte Kapazitätsauslastung steigert. Die folgenden Kostenfunktionen betreffen diesen Fall, sind also nur kurzfristiger Natur. Langfristig kostenminimal wird jeweils nur im Durchschnittskostenminimum (Punkt Min mit der Menge x^* in Abb. 5b) produziert, wenn alle Faktormengen entsprechend ihren Preisrelationen angepaßt sind.

Die fixen Kosten sind die Kosten der vorhandenen fest vorgegebenen Faktorausstattung, z. B. die Kosten der vorhandenen Gebäude und Anlagen. Die variablen Kosten entstehen durch Mehreinsatz des variablen Faktors: Hierunter fallen insbesondere Materialkosten und variable Arbeitskosten, insoweit wie die Beschäftigten kurzfristig beliebig eingestellt oder entlassen werden können und nicht langfristige Verträge bestehen, welche fixe Kosten entstehen lassen.

Die Kurve der Gesamtkosten ergibt sich aus der Summe der fixen Kosten K_f und der variablen Kosten K_v. Die Kostenarten können jeweils auf eine Produktionseinheit bezogen werden (Durchschnittskosten). Man kann jedoch auch die pro *zusätzliche* Produktionseinheit entstehenden Kosten (Grenzkosten) berechnen (vgl. hierzu wieder Tab. 1).

Auch ohne daß wir uns schon mit der Preisbildung beschäftigt haben, ist klar, daß **langfristig** die gesamten Durchschnittskosten der Produktion (K/x in Abb. 5b) durch den Preis abgegolten werden müssen, also der Preis eines produzierten Stücks

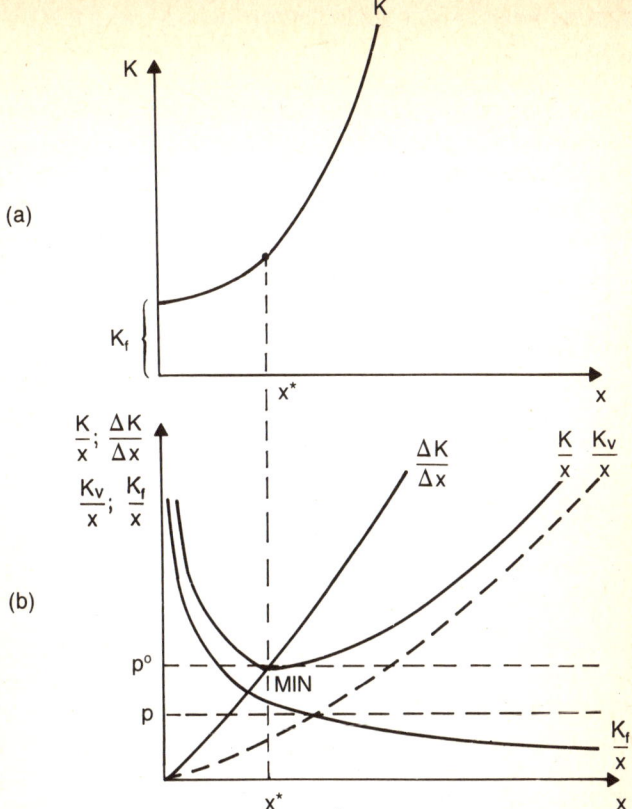

Abbildung 5a   Kurzfristige Kostenfunktion

Abbildung 5b   Kurzfristige Durchschnitts- und Grenzkostenfunktionen

mindestens die gesamten Kosten pro Stück decken muß, damit überhaupt produziert wird.

Kurzfristig kann in bestimmten Situationen der Preis niedriger sein, ohne daß Produktion und Angebot eingestellt werden. Dies würde erfordern, daß auf eine Abgeltung der fixen Kosten verzichtet wird. Das ist vom volkswirtschaftlichen wie auch vom einzelwirtschaftlichen Standpunkt dann gerechtfertigt, wenn für die fixen Faktoren keine alternativen Verwendungsmöglichkeiten bestehen. Wenn man die fixen Anlagen in diesem Fall bei der betrachteten Produktion einsetzt, so entstehen im Vergleich zu ihrem Nicht-Einsatz keine (zusätzlichen) Kosten, und man *verliert* durch ihren Einsatz nichts. Rechnerische Verluste beziehen sich auf die Vergangenheit: sie beruhen auf einer vom gegenwärtigen Standpunkt aus nicht rentablen Investition, die jetzt nicht mehr rückgängig gemacht werden kann. Wenn aber eine alternative Verwendung der Anlagen möglich ist, dann müssen *in dem Umfang,* in dem *dort* Erlöse erzielt werden, *hier* Kosten eingesetzt werden.

Diesen Überlegungen trägt das Konzept der *volkswirtschaftlichen Kosten als Opportunitätskosten* Rechnung. Volkswirtschaftliche Kosten sind immer Opportunitätskosten, und diese werden bezogen auf das, was als *Alternative* mit einem Gut (entweder in der Produktion oder beim Konsum) gemacht werden und was hierbei für das Gut geboten werden kann. Besteht keine solche Alternative, so sind die fixen Kosten nur historische Kosten, aber keine volkswirtschaftlichen Kosten. Laufende variable Kosten sind immer Opportunitätskosten, weil die variablen Faktoren woanders eingesetzt werden können.

Bei einem Marktpreis p unter dem Minimum der Durchschnittskosten, $p < p^o = (K/x)^{min}$ (Abb. 5b), wird die Produktion dann allerdings eingestellt, wenn die fixen Kapazitäten *woanders gewinnbringend* eingesetzt werden können; und das gleiche gilt, sobald sie *ersetzt* werden müssen. In beiden Fällen entstehen bei ihrem Einsatz Opportunitätskosten, und p^o ist der Mindestpreis, bei dem die Produktion aufrechterhalten wird.

3. Gewinnmaximierung und Güterangebot: Marginalprinzip und Angebotsverhalten des Unternehmers

Zunächst kehren wir wieder zur Produktionsplanung des Unternehmers zurück und vertiefen die oben dargestellten Optimierungsüberlegungen für den Sonderfall der partiellen Ertragsfunktion. Dieser Sonderfall ist allerdings besonders wichtig, weil viele Modellüberlegungen zur Funktionsweise des Marktpreismechanismus diesen Produktionsfunktionstyp unterstellen.

Wir fragen, bis zu welcher Menge der Faktoreinsatz v_a ausgedehnt werden sollte, wenn man ein möglichst günstiges Produktionsergebnis erzielen möchte und dabei v_a beliebig variieren kann. Wir werden ableiten, daß dies von der Höhe der Preise abhängt: dem Preis des erzeugten Produktes und dem des eingesetzten Faktors.

An diesem Beispiel ist das bekannte ökonomische *Marginalprinzip* anzuwenden. Es besagt hier, daß die beim *Mehreinsatz* eines Faktors entstehenden (zusätzlichen) Kosten jeweils mit dem zusätzlich erwirtschafteten Produktwert zu vergleichen sind und nicht etwa Durchschnittsgrößen gegenübergestellt werden dürfen, wenn man ein Optimum bestimmen will. Allgemein gesagt, beim Mehreinsatz eines Faktors sollte der *Mehr*erlös mindestens so groß sein wie die *Mehr*kosten. Damit kommen wir wieder auf Tab. 1 zurück. Wir nehmen an, es seien der Güterpreis $p = 2$ und der Faktorpreis $q_a = 3$. Dann ergeben sich die in der Zeile (5) angegebenen (monetären) *Ertragswerte* (Umsätze, Erlöse). Die mit einer zusätzlichen Faktoreinheit erzielte Zunahme des Ertragswertes $p\Delta x$ bezeichnet man als Wertgrenzprodukt dieses Faktors, genauer $p\Delta x/\Delta v_a$, falls nicht ausdrücklich $\Delta v_a = 1$ angenommen ist — vgl. Zeile (6) in der Tabelle.

Der Einsatz des variablen Faktors lohnt sich so lange, wie eine zusätzliche Einheit mindestens so viel an *zusätzlichen* Ertragswert einbringt, wie diese Einheit kostet: **das Wertgrenzprodukt des Faktors muß mindestens so groß sein wie sein Faktorpreis.** Wenden wir diese Überlegung auf die Zahlenwerte der Tabelle an, so sehen wir: das Wertgrenzprodukt ist bei der ersten Faktoreinheit gleich 12 und fällt über Werte von 8 und 6 schließlich auf die Größe 1. Bei sehr hohem Faktorpreis $q_a = 12$ würde nur eine Einheit v_a, bei $q_a = 1$ würde die hier maximal in Betracht gezogene Faktormenge 6 eingesetzt. Bei dem oben unterstellten Faktorpreis $q_a = 3$ lohnt sich der Einsatz von 4, aber nicht mehr von 5 Faktoreinheiten.

In Beispielen wie oben kann man die Bestimmung optimaler Produkt- und Faktoreinsatzmengen von zwei Seiten her vornehmen, von den *Faktorpreisen* als den bestimmenden Größen bei vorgebenen *Produktpreisen* — wie wir es eben getan haben — oder von den *Güterpreisen* her bei vorgegebenen *Faktorpreisen*. Im zweiten Fall betrachten wir die jeweils entstehenden Kosten. Die Gesamtkosten erhöhen sich mit einer weiteren Faktoreinheit jeweils um 3: dies sind die zusätzlichen Kosten für die jeweils insgesamt zusätzlichen erstellten Produkteinheiten. Die Grenzkosten sind definiert als die mit der Erhöhung der Produktion um eine Einheit jeweils zusätzlich auftretenden Kosten. Da wir in diesem Falle nur den Faktoreinsatz um eine Einheit, *nicht* aber die *Produktmenge* um eine Einheit erhöhen können, müssen wir bei jedem Schritt der Vergrößerung der Faktormenge um eine Einheit die zusätzlichen Kosten in Höhe von 3 jeweils auf die anfallende zusätzliche Produktmenge beziehen: Die Grenzkosten sind hier zu lesen als $q_a \Delta v_a / \Delta x$, wobei $\Delta v_a = 1$ ist; sie ergeben sich hier also $3/\Delta x$, wie in Zeile (8) angeben. Damit sich die Produktion weiterer Produkteinheiten lohnt, muß der Produktpreis mindestens so hoch sein wie die so ermittelten Grenzkosten. Der Preis des Gutes muß mindestens 0,5 betragen, damit wenigstens eine Faktoreinheit eingesetzt wird, und bei einem Preis von 6 würden insgesamt 6 Faktoreinheiten eingesetzt. Diese Ergebnisse entsprechen vollkommen denen, die vorher bei der Variation der Faktorpreise beschrieben wurden: sie sind deren Spiegelbild.

Die beiden besprochenen Regeln nennt man die *Inputregel* und die *Outputregel*.

Verbal zusammengefaßt lauten sie:

(1) Wertgrenzprodukt (mindestens) gleich Faktorpreis

(2) Grenzkosten (höchstens) gleich Produktpreis

Die dargestellten Optimierungsregeln lassen ansatzweise erkennen — wir können hier nicht detailliert darauf eingehen —, in welcher Weise Güter- und Faktormärkte zusammenhängen: Die **optimale Allokation der Produktionsfaktoren** auf die verschiedenen Güterproduktionen (Produktionszweige) entsprechend der Nachfrage der Konsumenten ergibt sich aus dem Zusammenspiel von Güter- und Faktorpreisen, die sich auf den jeweiligen Güter- und Faktormärkten ergeben. Wird z. B. die Arbeitskraft zu teuer im Vergleich zum mit ihrer Produktionsleistung zu erwirtschaftenden Erlös, entweder weil der Lohnsatz gestiegen oder weil der Güterpreis gefallen ist, so wird sie nicht weiter beschäftigt. Aus der input-Regel ergibt sich eine auch politisch oft benutzte Regel für die Entlohnung: Der reale Faktorpreis — hier der Reallohn —, also der durch den Preis(index) dividierte Nominallohn darf nicht höher als die Grenzproduktivität der Arbeit sein.

Aus obigen in einem Beispiel dargestellten Optimierungsüberlegungen eines Unternehmens läßt sich nun ableiten, wie sich ein Unternehmen hinsichtlich seiner Nachfrage nach Produktionsfaktoren und hinsichtlich seines Güterangebots verhalten wird. Wir gehen nur auf die Güterangebotsfunktion näher ein. Da der Preis des von ihm angebotenen Guts vom Markt vorgegeben ist, wird der Unternehmer sich jeweils zu angenommenen alternativen Marktpreisen auf die Angebotsmenge einrichten, für die die output-Regel gilt, also die angebotene Menge ausdehnen, bis die Grenzkosten (höchstens) so hoch sind wie der vorgegebene Güterpreis. Unter dieser Bedingung maximiert der Unternehmer seinen Gewinn: Er paßt sich mit seiner Angebotsmenge an den Marktpreis an.

Die Angebotsfunktion der betrachteten Unternehmung ist somit gleich der Grenzkostenfunktion, langfristig ab dem Minimum der gesamten Durchschnittskosten (Punkt Min mit der Menge x* in Abb. 5b). Alle sich aus der Angebotskurve ergebenden Mengen ermöglichen dem Unternehmer bei den vorgegebenen Marktpreisen, seinen Gewinn zu maximieren — oder seinen Verlust zu minimieren: Es handelt sich um eine reine Optimierungsbedingung. Um die Höhe des Gewinns des Unternehmers zu bestimmen, braucht man weitere Angaben.

Der Gewinn ist gleich der Differenz aus dem Umsatz (den Gesamterlösen) $U = p \, x$ und den Gesamtkosten K oder gleich dem Produkt aus Stückgewinn ($p - \frac{K}{x}$) und Menge x (Abb. 6a und 6b). Liegen die Gesamterlöse unter den Gesamtkosten, oder liegt der Preis unter den gesamten Stückkosten, so ergibt sich ein Verlust. Die Produktion kann dann höchstens kurzfristig aufrechterhalten werden, wenn der Preis mindestens die variablen Durchschnittskosten deckt.

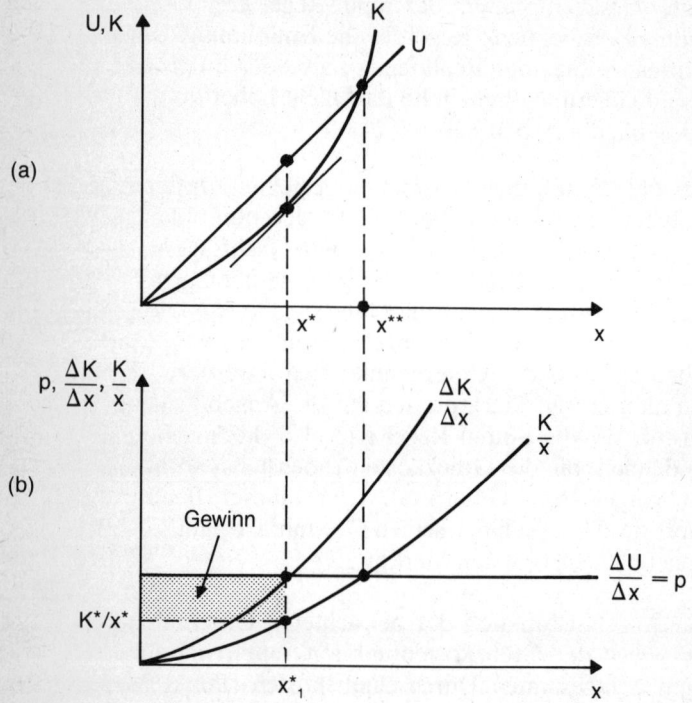

Abbildung 6   Gewinn der Unternehmung
(a) Gewinn $= U - K$
(b) Stückgewinn $= p - \dfrac{K}{x}$

Durch die Addition der zur alternativen Marktpreisen von den verschiedenen Unternehmern jeweils angebotenen Mengen ergibt sich die Gesamtangebotsfunktion des Marktes. Sie gibt so-

mit an, welche Mengen die Anbieter bei alternativen vorgegebenen Preisen anbieten würden: Steigt z. B. der Preis, werden
nicht nur vorhandene Anbieter mehr anbieten, sondern eventuell auch neue zusätzliche Anbieter am Markt auftreten.

Die auf dem Markt angebotene Menge wird nicht nur von dem
Preis des betrachteten Gutes, sondern auch von den Preisen
anderer Güter, den Preisen der Produktionsfaktoren und der
Produktionstechnologie bestimmt.

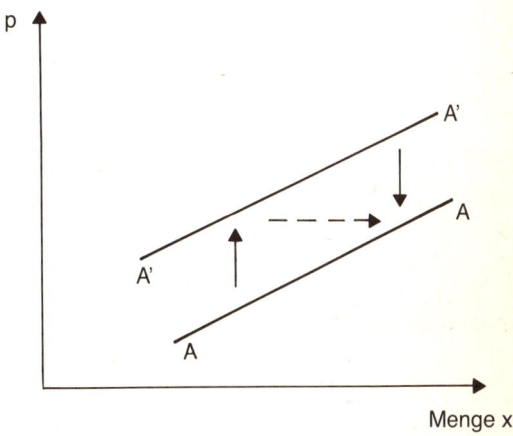

Abbildung 7   Angebotskurve

Graphisch wirken sich Einflüsse dieser Determinanten in Verschiebungen der Angebotsfunktion aus:

Die Verschiebung von AA nach A'A' kann verursacht sein:

— durch eine Erhöhung der Preise anderer Güter, die deshalb
  statt des Gutes x vermehrt angeboten werden,

— durch eine Preiserhöhung aller eingesetzten Produktionsfaktoren, durch die die Produktionskosten zunehmen. Steigt
  der Preis nur eines Faktors, z. B. die Arbeitslöhne relativ
  zum Kapitalzins, hängt die Wirkung auf die Angebotsfunk-

tion im großen und ganzen von den Substitutionsmöglichkeiten der Unternehmen bei den Produktionsfaktoren entsprechend der Produktionsfunktion ab.

— Bei einer Verbesserung der Produktionstechnologie sinken die Kosten der Produktion. Es kommt zu einer Rechtsverschiebung der Angebotskurve von A'A' nach AA. (Diese Rechtsverschiebung ergibt sich natürlich in den oben genannten Fällen bei Annahme der jeweils umgekehrten Einflüsse).

Wie bei der Nachfragefunktion kann man auch bei der Angebotsfunktion die Reaktion der angebotenen Menge auf Veränderungen der Einflußfaktoren durch das Elastizitätskonzept beschreiben. Die direkte Preiselastizität des Angebots gibt an, um wieviel Prozent die angebotene Menge des Gutes steigt, wenn sich der Preis dieses Gutes um ein Prozent erhöht.

Das Angebot ist elastisch, wenn die angebotene Menge sich prozentual stärker als der Preis ändert, z. B. wenn das Angebot von Milch sich bei einer 1%igen Preiserhöhung um mehr als 1 % erhöhen würde. Unelastisch ist ein Angebot, wenn die Menge prozentual weniger als der Preis reagiert.

Ebenso wie bei der Nachfrage ist auch in bezug auf die Angebotselastizität ihre Bedeutung für wirtschaftspolitische Maßnahmen beispielhaft zu erwähnen: Ist das Angebot der Milchbauern stark preiselastisch, wird eine verordnete Milchpreiserhöhung (zur bäuerlichen Einkommenssteigerung) die angebotene Menge so stark erhöhen, daß ein »Milchsee« entsteht.

4. Koordination von Angebot und Nachfrage auf dem Markt: Die Preisbildung

Der Markt wurde im ersten Kapitel als ein (gedachter) Ort bezeichnet, an dem Nachfrager und Anbieter jeweils ihre Zahlungsbereitschaft und ihre Lieferbereitschaft hinsichtlich der Preise und Mengen für ein bestimmtes Gut zum Ausgleich bringen. Auf jedem Markt wird — nach den Annahmen der

Volkswirtschaftstheorie — jeweils ein völlig gleichartiges Gut gehandelt; es kommt nicht auf den Anbieter an, es spielt keine Rolle, wer von wem kauft. In der *Realität* wird man schon von einem Markt für ein bestimmtes Gut sprechen, wenn die Güter sehr ähnlich sind. Über den Grad der Ähnlichkeit entscheiden die Nachfrager, sind in ihrem Urteil Güter *sehr gut* substituierbar, so wird man davon ausgehen, daß ihre Preisbildung sich auf einem einheitlichen Markt abspielt.

Ein Markt hat vor allem etwas mit Informationsprozessen zu tun, die zwischen Anbietern und Nachfragern ablaufen. In den meisten Fällen besteht in der Realität das Problem, daß die Information über einen Markt Zeit erfordert: Man muß sich bei verschiedenen Verkäufern oder Käufern erkundigen, oft entstehen Reisekosten usw. Und selbst dann wird man keine vollkommene Information über einen Markt erwarten können.

Die verschiedenen Märkte hängen mehr oder weniger untereinander zusammen. Eventuell kann der Nachfrager auf »Nachbar«-Märkten nach einem günstigeren Angebot suchen, wenn er sich nicht auf ein bestimmtes Produkt festgelegt hat, z. B. statt eines Neuwagens einen größeren Gebrauchtwagen kaufen. Das macht das Geschehen auf einem einzelnen Markt noch komplizierter.

Das optimale Funktionieren des Marktmechanismus setzt voraus, daß kein Anbieter und Nachfrager auf dem Markt einen fühlbaren Einfluß auf den Preis ausüben kann (vollkommener Wettbewerb, vollständige Konkurrenz). Im allgemeinen wird das der Fall sein, wenn viele Anbieter und Nachfrager vorhanden sind und wenn nicht einzelne, z. B. ein Großunternehmen beim Angebot, überwiegen. Für die (theoretisch exakte) Ableitung des Marktpreises muß man annehmen, daß die Produktionstechnologien der Unternehmen und die Bedürfnisschätzungen (Präferenzen) der Haushalte gleich bleiben. Damit schaltet man den Zeitaspekt aus. In der Realität hat man selbstverständlich von vielerlei die Angebots- und Nachfragefunktionen *im Zeitablauf* verändernden Einflüssen auszugehen, die es schwierig machen, bei der empirischen Schätzung Mengen- und Preisänderungen einander eindeutig zuzuordnen.

Transaktionen auf einem Markt müssen definitionsgemäß immer freiwillig sein: Nur wenn jeder Teilnehmer profitieren kann, wird er am Markt teilnehmen. Man kann einen Markt — für bestimmte Güter oder auch generell wie in der früheren geplanten Zentralverwaltungswirtschaft — verbieten (und wird dann häufig mit »Schwarzmärkten« konfrontiert), aber man kann niemanden zwingen, auf einem Markt anzubieten oder nachzufragen. Auf bestimmten Märkten, z. B. beim Angebot auf dem Wohnungsmarkt oder bei der Unternehmernachfrage auf dem Arbeitsmarkt, können durch dieses Prinzip der Freiwilligkeit politische Probleme entstehen. Aber die Marktwirtschaft beruht auf der Freiwilligkeit von Transaktionen, die nur zustandekommen, wenn es sowohl Anbietern als auch Nachfragern nützt.

Wie sich aus den individuellen Entscheidungen von Nachfragern und Anbietern individuelle Nachfrage- und Angebotsfunktionen ergeben, aus denen durch Aggregation Marktnachfrage- und Marktangebotsfunktionen entstehen, wurde oben abgeleitet. Wenn man nur den Preis des betrachteten Gutes berücksichtigt und alle sonstigen Einflußfaktoren konstant hält, kann man Nachfrage- und Angebotsfunktion wie in Abb. 8 in ein Preis-Mengen-Diagramm einzeichnen.

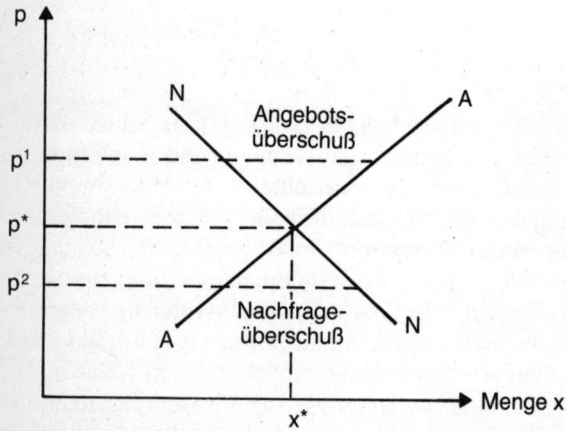

Abbildung 8   Marktgleichgewicht

Der Punkt, wo sich Angebots- und Nachfragekurve schneiden, wird als Marktgleichgewicht bezeichnet: Dem Gleichgewichtspreis p* entspricht eine Gleichgewichtsmenge x*.

»Gleichgewicht« bedeutet, daß bei dem Gleichgewichtspreis und der Gleichgewichtsmenge die Produktions- und Angebotspläne der Unternehmer und die Verbrauchspläne der Haushalte miteinander vereinbar sind. Zu dem Preis p* kann der Nachfrager wie beabsichtigt die Menge x* kaufen, und der Anbieter kann die von ihm geplante Absatzmenge x* zu dem vorgesehenen Preis p* auch verkaufen. Würde der Anbieter einen höheren Preis als den Marktpreis p* verlangen, könnte er nichts absetzen, weil andere Anbieter mit einem vergleichbaren Produkt billiger sind. Das setzt natürlich voraus, daß die von diesem Anbieter kommende Menge, verglichen mit der angebotenen Gesamtmenge, klein ist, denn sonst würde sein Ausfall auf dem Markt merkbar und für die Preisbildung relevant: Dann könnte man allerdings nicht mehr von einem Markt mit vollständiger Konkurrenz sprechen.

Bei einem anderen als dem Gleichgewichtspreis p* wäre die gesamte nachgefragte Menge entweder größer oder kleiner als die angebotene Menge, auf dem Markt bestände ein Ungleichgewicht. Bei einem Preis, der größer als der Gleichgewichtspreis ist ($p^1 > p^*$ in Abb. 8) besteht ein Angebotsüberschuß, der Markt ist nicht geräumt. Ein Nachfrageüberschuß entsteht bei einem Preis, der niedriger als der Gleichgewichtspreis ist ($p^2 < p^*$ in Abb. 8).

Angebotsüberhang bzw. Nachfrageüberschuß müssen zu Preisänderungen führen, die in Richtung auf einen Ausgleich von Angebot und Nachfrage führen. In der Realität ist es schwer vorstellbar, daß oftmals eher zufällige Preisänderungen **schnell** die passenden Mengenreaktionen hervorrufen werden, es besteht die Gefahr, daß die Mengenanpassung an »falsche« Preise erfolgt. Deshalb gilt das *»Gesetz von Angebot und Nachfrage«*, wonach Angebot und Nachfrage auf dem Markt die Preishöhe bestimmen, idealerweise nur in dem Fall, in dem man die Preisermittlung einem Auktionator oder einer Börse überlassen kann. Allerdings besteht auch auf den meisten anderen realen

Märkten **mittel- und langfristig** die Tendenz, daß Angebot und Nachfrage Preisveränderungen entscheidend beeinflussen. Die langsame Reaktion von Märkten hat oft sogar einen Vorteil: Es kommt nicht zu plötzlichen Preis- und Mengenschwankungen, die z. B. gelegentlich auf Warenbörsen Anbietern oder Nachfragern (von Rohstoffen, tropischen Landwirtschaftsprodukten usw.) große Probleme bereiten.

Wenn wir davon gesprochen haben, daß zum Gleichgewichtspreis Anbieter und Nachfrager die von ihnen **erwarteten** Mengen auch erhalten, ihre »Pläne« also aufgehen, so hat dies nichts mit einer moralischen Bewertung zu tun: Es werden sich unter Umständen viele Nachfrager zum »Gleichgewichtspreis« das Gut nicht leisten können. Die dafür vor allem verantwortliche Beschränkung durch das jeweils verfügbare Einkommen ist bereits in der Nachfragefunktion enthalten: Hinter jeder Marktnachfragekurve steht eine bestimmte in der Volkswirtschaft gegebene Einkommensverteilung, Bedürfnisse *allein* sind auf dem Markt nicht relevant.

Nicht in allen Fällen führt der Marktmechanismus zu einem Gleichgewicht. Es ist z. B. möglich, daß sich Angebots- und Nachfragekurve nicht schneiden (vgl. Abb. 9).

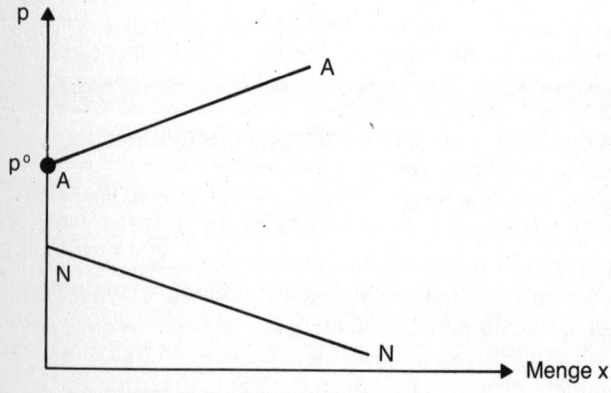

Abbildung 9   Kein Gleichgewicht

Hier würde das Angebot erst bei einem Preis p⁰ einsetzen, bei der keine Nachfrage mehr vorhanden ist. Eine solche Situation mag z. B. auf den Wohnungsmärkten einiger Großstädte vorliegen: Für das Gut »einfache Standardwohnung« gäbe es vermutlich ein Angebot bei einem so hohen Preis, daß es für die Nachfrager dieses Gutes nicht mehr interessant ist: Angebot und Nachfrage können hier die Preisbildung nicht bestimmen, es gibt keinen Marktpreis, der eine Informations- und Lenkungsfunktion hat. Hier müssen Angebot und/oder Nachfrage direkt beeinflußt werden.

Auch staatliche Interventionen können den Ausgleich von Angebot und Nachfrage beim Gleichgewichtspreis verhindern. Das bekannteste Beispiel ist der Agrarmarkt: Staatliche Mindestpreise für viele Produkte sollen den Bauern ein bestimmtes Einkommen (das sich aus den Erlösen p · x ergibt) sichern. Sie führen jedoch auch zu Angebotsüberschüssen, für deren Beseitigung wiederum der Staat verantwortlich ist.

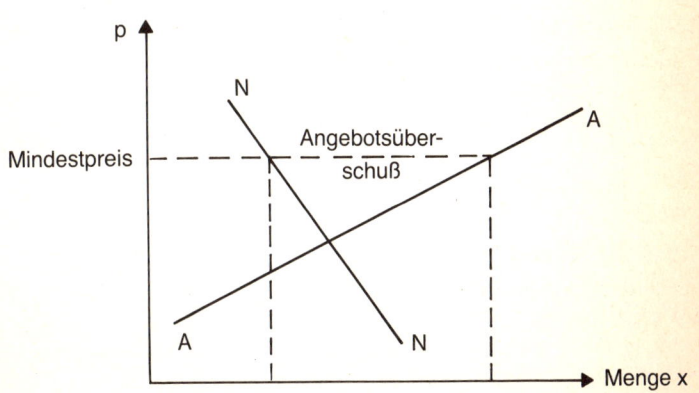

Abbildung 10   Staatlicher Mindestpreis

5. Wettbewerb und Monopol: Zur theoretischen Begründung des Wettbewerbsschutzes

Die autonomen Entscheidungen der Wirtschaftseinheiten — Haushalte, Unternehmen, staatliche Stellen — in einer Marktwirtschaft werden durch den Preismechanismus koordiniert. Die Wirkungsweise wurde oben dargestellt. Wir haben dabei betont, daß die Funktionsfähigkeit des Preismechanismus voraussetzt, daß viele Anbieter und Nachfrager auf dem Markt vorhanden sind, so daß kein einzelner die Macht hat, den jeweiligen Marktpreis zu beeinflussen.

Preissetzung durch einzelne Marktteilnehmer, ökonomisch als monopolistisches Verhalten bezeichnet, ist im Prinzip nicht mit den Funktionen des Preismechanismus vereinbar. Wir zählen diese Funktionen im folgenden zusammenfassend auf:

— Mit der Koordination der Pläne der Anbieter und Nachfrager bringt der Preis Angebot und Nachfrage und damit letzten Endes produzierte und konsumierte Gütermengen in das Gleichgewicht: *Gleichgewicht- und Lenkungsfunktion.*

— Der Preis beschränkt (rationiert) dabei gleichzeitig die nachgefragte Menge. Nicht unklare, objektiv schwer feststellbare Bedürfnisse, sondern die Kaufkraft (Einkommen) setzen Grenzen für Nachfrage und Verbrauch (beeinflussen dabei allerdings auch, was und wieviel überhaupt angeboten wird): *Rationierungsfunktion.*

— Auf Märkten laufen in großem Umfang Informationsprozesse ab: Der Preis hat dabei die zentrale *Informationsfunktion* für die Entscheidungen der Unternehmungen hinsichtlich Produktion und Einsatz von Produktionsfaktoren und der Haushalte hinsichtlich Konsum und des zur Einkommenserzielung notwendigen Arbeitsangebots.

— Falls die Produzenten die »Konsumentensouveränität« nicht ernstnehmen, sorgt der Preismechanismus für direkte Nachteile in Form verringerter Gewinne oder erhöhter Verluste. Bei Anbietern, die sich besonders schnell an die Nachfragerwünsche anpassen, kommen durch den Preismechanis-

mus eine Zeitlang überdurchschnittlich hohe Gewinne zustande: *Sanktionsfunktion.*

Der dargestellte Preismechanismus funktioniert zwar auf Märkten mit vollständiger Konkurrenz besonders gut, jedoch heißt
das nicht,

— daß auf Märkten mit unvollkommenem oder/und nur wenige Teilnehmer umfassenden Wettbewerb der Preismechanismus nicht auch seine Aufgaben erfüllt

— und daß auf Märkten mit wenigen Anbietern nicht auch
  ökonomisch effizient produziert werden kann. Oft kommen
  bei wenigen Anbietern überhaupt erst die Vorteile der Massenproduktion und technologische Verbesserungen der Produktionsprozesse zum Tragen.

Wettbewerb auf einem Markt setzt natürlich mindestens zwei
Produzenten und Anbieter voraus, die *unabhängig* voneinander
ihre wirtschaftlichen *Entscheidungen* treffen. Wettbewerbspolitik (s. Kap. IV) muß deshalb auf jeden Fall Marktabsprachen,
Unternehmenszusammenschlüsse und ähnliche Handlungen
untersagen, durch die dezentrale Entscheidungsstrukturen auf
einem Markt überhaupt verhindert oder beseitigt werden sollen.

Unvollkommener Wettbewerb kann verglichen mit vollkommenem Wettbewerb (natürlich je nach den Wertungskriterien der
Urteilenden) auch für Konsumenten vorteilhaft sein, selbst
wenn die angebotenen Mengen auf dem Markt insgesamt geringer sind und der Preis höher ist.
Unvollkommene (monopolistische) Angebotskonkurrenz ist
durch eine Situation gekennzeichnet, in der es jedem der Anbieter am Markt gelungen ist, sich — durch Werbe- und Marke-
tingstrategien, Produktvariationen (Produktdifferenzierung)
u. ä. — eine kleine Marktnische zu schaffen. In diesem »mono-
polistischen« Marktbereich kann der jeweilige Anbieter in einem gewissen Maße seinen Preis entsprechend der »Anhäng-
lichkeit« der Nachfrager und unter der Berücksichtigung seiner
Kostensituation verändern. Der Eintritt weiterer Anbieter in

den Markt wird langfristig oft dazu führen, daß die jeweilige Marktnische und der jeweilige Preissetzungsspielraum so klein werden, daß der »monopolistische« Anbieter über den Preis nur noch seine Durchschnittskosten decken kann. Er wird jedoch nicht im Durchschnittskostenminimum produzieren (in Abb. 5b Punkt Min), solange er nicht völlig aus der von ihm geschaffenen Marktnische durch ökonomisch effizientere Anbieter herauskonkurriert werden kann.

Viele Nachfrager werden jedoch in dieser, nicht einem abstrakten Optimum entsprechenden Situation einen Vorteil finden: Es gibt auf dem hier vorgestellten Markt nicht nur ein einziges, mit minimalen Kosten produziertes gleiches Gut, die angebotenen Güter sind differenziert, auf die leicht unterschiedlichen Vorlieben der Konsumenten zugeschnitten. Vielleicht braucht man in einer Volkswirtschaft z. B. nur einen Typ von Joghurt, für dessen kostengünstigste Produktion der vollkommene Wettbewerb wohl sorgen könnte. Eine Differenzierung des Angebots in viele Dutzende Geschmackssorten verringert den Wettbewerb der Molkereien, schafft ihnen Möglichkeiten, den Preis für **ihr** Produkt festzulegen, aber die Differenzierung gefällt — wie in der Realität zu beobachten — auch vielen Konsumenten, die (vielleicht bewußt) für die größere Auswahl einen höheren Preis zahlen.

III. Der Wirtschaftskreislauf: Das Sozialprodukt und seine Bestimmungsfaktoren

1. Von der Mikroökonomik zur Makroökonomik: Makroökonomische Kreislaufströme

In einer Marktwirtschaft entscheiden viele Wirtschaftseinheiten, private Haushalte und Unternehmen, über Käufe und Verkäufe von Gütern, über Verbrauch und Sparen, Produktion und Investition, über den Einsatz von Arbeitskraft und Kapital, über Aufnahme und Rückzahlung von Krediten; staatliche Stellen haben zusätzlich noch die Möglichkeit, verschiedene Arten von Steuern zu erheben. Außerdem haben viele Wirtschaftseinheiten Wirtschaftsbeziehungen in das Ausland, sie exportieren oder importieren, erhalten von dort Einkommen oder überweisen Einkommen in das Ausland. Wir leben in einer hochgradig arbeitsteiligen Wirtschaft. In der Mikroökonomik wird gezeigt, wie diese vielen Transaktionen durch den Preis koordiniert werden. Für den Beobachter eines Wirtschaftsprozesses bleibt alles unübersichtlich, er kann so viele Informationen nicht verarbeiten. Er wird von den meisten Transaktionen nichts erfahren, auch wenn er vermutet, daß alle Tauschprozesse in irgendeiner Weise zusammenhängen.

In der Makroökonomik versucht man, die beschriebene allgemeine Interdependenz marktwirtschaftlicher Aktivitäten dadurch überschaubar zu machen, daß man vereinfacht, Wirtschaftseinheiten und Transaktionen zusammenfaßt, zu Globalgrößen aggregiert. Man bildet Gruppen von Wirtschaftseinheiten und berücksichtigt bei jedem Aggregat nur ganz bestimmte wirtschaftliche Tätigkeiten.

Der »private Haushalt« als Gruppe von Wirtschaftseinheiten fragt Konsumgüter nach, konsumiert (verbraucht) und spart, und bietet seine Arbeitskraft an.

Das Aggregat *»Unternehmen«* produziert und bietet Güter an, investiert und fragt Arbeit nach.

Die amtliche Statistik liefert Zahlen über Konsum und Sparen in einer Volkswirtschaft, über Produktion und Investition und andere Globalgrößen, wobei sich im allgemeinen niemand mehr dafür interessiert, was hinter den Aggregaten steht. Da die Globalgrößen genau definiert sein müssen, um sie messen zu können, ist es meist auch gar nicht leicht, sich diese Aggregate durch Entscheidungen vieler Wirtschaftseinheiten zustandegekommen vorzustellen.

Man nennt die Beziehung zwischen den Aggregaten der Wirtschaftssubjekte einer Volkswirtschaft deshalb auch ganz abstrakt *»Ströme«* und die verschiedenen Gruppen von Wirtschaftseinheiten *»Pole«,* zwischen denen der Kreislauf der Ströme abläuft.

Wie sehen die Ströme aus, die jeweils in einer Zeitperiode, z. B. in einem Jahr zwischen den Polen fließen? Zum einen fließt ein realer Strom von Konsumgütern von den Unternehmen zu den

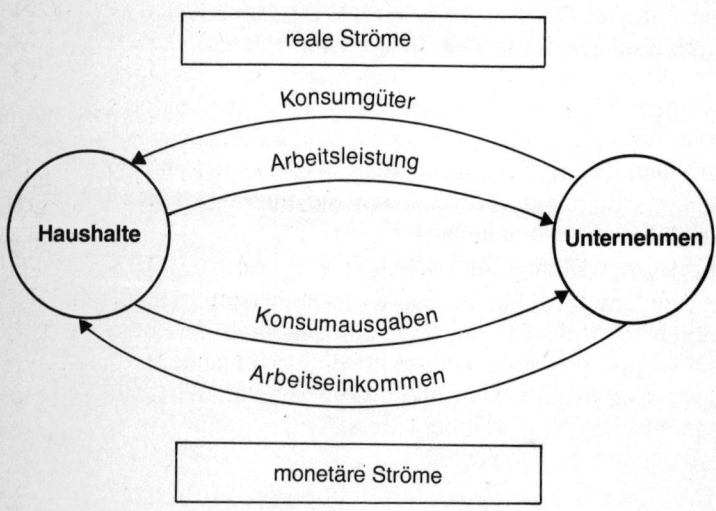

Abbildung 11

privaten Haushalten, zum anderen ein realer Strom von Arbeitsleistungen von den privaten Haushalten zu den Unternehmen. Den realen Strömen entgegengesetzt fließen die monetären Ströme (Geldströme): Von den privaten Haushalten zu den Unternehmen die Konsumausgaben, von den Unternehmen zu den Haushalten das Einkommen aus Arbeit.

Alle bisher genannten Ströme sind Leistungsströme, sie sind streng auseinanderzuhalten von den Zahlungs- oder Finanzströmen, die in Zahlungseingängen oder Zahlungsausgängen bestehen. Zum Beispiel ist die »Abhebung« von einem Bankkonto ein Zahlungseingang. Es entsteht nur ein Finanzstrom: Statt des Guthabens auf dem Bankkonto hat man Bargeld. Man ist dadurch nicht »reicher« geworden, statt mit Bargeld hätte man die Güter auch mit einem Bankscheck bezahlen können. Dagegen ergibt sich die monatliche Überweisung durch den Arbeitgeber auf das Bankkonto aus den im Laufe des Monats entstandenen Leistungsströmen, durch den Verkauf der Arbeitsleistung ist man tatsächlich »reicher« geworden, man hat Einkommen erzielt, es ist nicht nur »Geld« zugeflossen.

Wir haben nur den Wirtschaftskreislauf zwischen den Polen *»Haushalte«* und *»Unternehmen«* erwähnt, man sagt: Wir haben uns in einer geschlossenen Volkswirtschaft ohne staatliche Aktivität bewegt.

Jede reale Volkswirtschaft ist allerdings offen, das heißt: sie hat Beziehungen zum Ausland. Und in jeder Volkswirtschaft spielen staatliche Stellen für den Wirtschaftsprozeß eine große Rolle. Der Wirtschaftskreislauf spielt sich also mindestens zwischen den Polen *»Haushalte«*, *»Unternehmen«*, *»Ausland«* und *»Staat«* ab. Es ist wegen der Übersichtlichkeit zweckmäßig, weitere Pole zu unterscheiden, die sich von den anderen Polen allerdings insoweit unterscheiden, als sie direkt nicht aus der Aggregation von Wirtschaftseinheiten entstehen.

2. Die Kontendarstellung des Wirtschaftskreislaufs

Zunächst wollen wir eine andere Art der Darstellung des Wirtschaftskreislaufs einführen, das Kontensystem: Um die Kontenarten besser zu verstehen, ist es zweckmäßig, die Arten der wirtschaftlichen Tätigkeiten (ökonomische Aktivitäten) nochmals aufzuzählen:

In einer Volkswirtschaft kann man

a) Sachgüter und/oder Dienstleistungen produzieren und verkaufen (oder unentgeltlich abgeben/verschenken)
b) Einkommen erhalten und verwenden
c) Vermögen ansammeln oder abbauen
d) Kredite nehmen und geben

Die mit diesen Aktivitäten verbundenen Konten heißen:

— Produktionskonto
— Einkommenskonto
— Vermögensänderungskonto
— Kreditänderungskonto
— sowie Finanzierungskonto

Jedes dieser Konten wird grundsätzlich für jede Wirtschaftseinheit der drei innerhalb einer Volkswirtschaft vorhandenen Gruppen — Unternehmen, private Haushalte, Staat — aufgestellt. Jede Wirtschaftseinheit bucht seine Transaktionen auf seinen Konten, wobei jeder Eintrag doppelt zu buchen ist: Auf der Sollseite eines Kontos und auf der Habenseite eines anderen (im Ausnahmefall des gleichen) Kontos. Wir zeigen im folgenden nur die für alle Wirtschaftseinheiten gültige Grundstruktur dieser Konten und verzichten auch auf Eintragungen, die bei Berücksichtigung staatlicher Tätigkeit und des Auslands nötig werden.

Das (soweit möglich mit den Preisen) bewertete Produktionsergebnis einer Volkswirtschaft, die bewertete Summe aller Sach-

Produktionskonto

	Käufe von Vorleistungen	Verkäufe an andere Wirtschaftseinheiten (=Umsatz) und Lager	(Brutto)Produktionswert
Bruttowertschöpfung	Abschreibungen		
	Nettowertschöpfung (=geleistete Faktoreinkommen)		

güter und Dienstleistungen, heißt Produktionswert. Nach Abzug der Vorleistungen, also der von Unternehmen an Unternehmen zur Weiterverarbeitung gelieferten Güter (einschließlich Rohstoffe) bleibt als Saldo die Bruttowertschöpfung, unter der Bezeichnung Bruttosozialprodukt allgemein bekannt. Da bei der Produktion die eingesetzten Maschinen und anderen dauerhaften Produktionsmittel verschleißen, muß man diesen Verschleiß, rechnerisch gleichgesetzt mit den gemessenen Abschreibungen, ebenfalls abziehen, und erhält die Nettowertschöpfung. Diese Nettowertschöpfung gibt das Ergebnis der Wirtschaftstätigkeit einer gesamten Volkswirtschaft an und setzt sich ganz allgemein aus der Summe der den verschiedenen Produktionsfaktoren zufließenden Einkommen zusammen: Aus Löhnen und Gehältern, aus Zinsen, Dividenden und ähnlichen Kapitalerträgen, aus Mieten und Pachten und aus dem Gewinn. Die Nettowertschöpfung wird auch als Nettosozialprodukt oder Volkseinkommen bezeichnet.

Einkommenskonto

Geleistete Einkommen	Erhaltene Einkommen
Käufe von Konsumgütern	
Ersparnis	

Das Einkommenskonto zeigt vor allem die Verwendung des erhaltenen Einkommens.

Vermögensänderungskonto

Zugang an	Bruttoinvestition (=Käufe von Investitionsgütern und	Re-Investition	Abschreibungen
			Ersparnis
Sachvermögen	Lagerbestands-änderungen)	Nettoinvestition	Finanzierungsdefizit (=Nettokreditaufnahme)

Die Re-investition (Ersatzinvestition) ersetzt den Verschleiß an Maschinen und sonstigen dauerhaften Produktionsmitteln, wie er durch die Abschreibung gemessen wird. Die Bruttoinvestition ist definiert als gesamter Zugang an Sachvermögen, so daß konsequenterweise nicht nur Käufe dauerhafter Produktionsmittel (Bruttoanlageinvestitionen), sondern auch die Zunahme der Lagerbestände von Produktionsmitteln und/oder eigenen Erzeugnissen (Lager- oder Vorratsinvestition) volkswirtschaftlich als *»Investition«* bezeichnet werden (müssen). Die Bruttoanlageinvestition kann niemals negativ sein. Ist sie gleich null, wird der Anlagenverschleiß also nicht durch Reinvestition ersetzt, ergibt sich rechnerisch eine negative Nettoinvestition in Höhe der Abschreibungen. Die Bruttovorratsinvestition kann null, positiv oder negativ sein, weshalb ein Abbau von Lagerbeständen zu einer insgesamt negativen Bruttoinvestition führen kann. Die Nettoinvestition, d. h. die Bruttoinvestition abzüglich der Abschreibungen für die Reinvestition, wird durch die Ersparnis, und sofern diese nicht ausreicht (Finanzierungsdefizit) durch Netto-Kreditaufnahme ermöglicht. Die dadurch ausgelöste Erhöhung der Verbindlichkeiten gegenüber den Forderungen erfaßt das Kreditänderungskonto.

Kreditänderungskonto

Zunahme der Forderungen	Zunahme der Verbindlichkeiten
Finanzierungsdefizit	

Das Finanzierungskonto faßt dann die Informationen aus Vermögensänderungs- und Kreditänderungskonto zusammen.

Finanzierungskonto

Zugang an Sachvermögen (= Bruttoinvestition)	Abschreibungen
	Ersparnis
Zunahme der Forderungen	Zunahme der Verbindlichkeiten

Ein Vergleich der zuletzt beschriebenen drei Kontenarten zeigt, daß Kreditänderungs- und Finanzierungskonto nur — gegenüber dem Vermögensänderungskonto — zusätzliche Finanz-(Zahlungs-)ströme erfassen, also zusätzlich nur über Vorgänge im Kreditsystem informieren.

Im allgemeinen vernachlässigt man in der volkswirtschaftlichen Kreislaufanalyse die Betrachtung von Zahlungseingängen und -ausgängen und konzentriert sich auf die Einnahmen-Ausgaben-Rechnung, also auf die Leistungsströme, die immer neben monetären auch reale Wirtschaftsvorgänge betreffen.

3. Die Darstellung des Wirtschaftskreislaufs in Gleichungsform

In der Volkswirtschaftstheorie, die Wirtschaftsvorgänge erklären und vorhersagen will, verwendet man häufig Gleichungen zur Darstellung von Zusammenhängen. Wir beschäftigten uns bisher nur mit Definitionen und definitorischen Zusammenhängen, die sich durch die Graphik der Kreislaufströme und durch Buchhaltungskonten erfassen lassen. Es erleichtert jedoch das Verständnis der folgenden Theorieabschnitte, wenn wir unsere bisherige Darstellung in Form von Gleichungen wiederholen. Dazu müssen wir uns über einige Bezeichnungen einigen. Wir wollen das Verständnis dadurch erleichtern, daß wir jede Gleichung nicht nur in Symbolen (wie sie in der Volkswirtschaftslehre gebräuchlich sind), sondern auch in Worten schreiben.

Wir betrachten zunächst eine geschlossene Volkswirtschaft ohne staatliche Aktivität.

$$Y = C + I$$

Das Volkseinkommen Y ist gleich der Summe aus Konsumausgaben C und (Netto-)Investitionsausgaben I.

$$Y = C + S$$

Das Volkseinkommen ist gleich der Summe aus Konsumausgaben und der Ersparnis.

Bei beiden Gleichungen handelt es sich um Definitionen: Da die Ersparnis der Teil des Volkseinkommens ist, der nicht konsumiert wurde, und die Investitionsausgaben die Ausgaben sind, die nicht für Konsumgüter verwendet werden, folgt zwangsläufig:

$I = S$, die Investition muß gleich der Ersparnis sein,

das heißt: Aufgrund der Definitionen wird man in einer Volkswirtschaft im nachhinein (ex-post) immer feststellen können, daß der Teil des Volkseinkommens, der nicht konsumiert wurde, als (Netto-)Investition übriggeblieben ist. Es ist dabei sehr wichtig sich zu erinnern, daß auch (unvorhergesehene) Lager-(Vorrats-)änderungen unter diesen volkswirtschaftlichen Investitionsbegriff fallen; und man kann sich denken, welche Rolle dieser Zusammenhang spielen wird, wenn wir Möglichkeiten der Voraussage des Wirtschaftsprozesses behandeln werden.

In der offenen Volkswirtschaft ohne staatliche Aktivität lautet die Gleichung für das Volkseinkommen:

$$Y = C + I + (Ex - Im)$$

Das Volkseinkommen ist gleich der Summe aus Konsum- und (Netto-)Investitionsausgaben sowie dem Saldo von Exporten (Ex) und Importen (Im), dem Außenbeitrag (Ex — Im). Zu diesem Außenbeitrag gehört auch der Saldo aus den Einkommen, die Inländer aus Forderungen an das Ausland und Ausländer aus Forderungen an Inländer erhalten.

Wir sehen an der Gleichung, daß Importe kein Volkseinkommen im Inland entstehen lassen.

Man nennt das Volkseinkommen (Nettosozialprodukt) Inländerprodukt zur Unterscheidung vom Inlandsprodukt. Das Inlandsprodukt enthält nicht den Saldo der Erwerbs- und Vermögenseinkommen zwischen In- und Ausländern, es mißt die wirtschaftliche Leistung eines Landes (oder einer Region) unabhängig davon, ob sie von Inländern oder Ausländern erbracht wurde. Es ist einleuchtend, daß die statistische Erfassung des Inlandsprodukts einfacher als die Erfassung des Inländerprodukts ist.

In der offenen Volkswirtschaft ergibt sich:

$$I + Ex = S + Im$$

Jetzt müssen nicht mehr Investition und Sparen definitorisch (ex-post) gleich sein, sondern Importe und Sparen zusammen bilden den Teil des Volkseinkommens, der entweder investiert oder exportiert worden sein muß.

Wir betrachten zum Schluß noch die geschlossene Volkswirtschaft mit staatlicher Aktivität und überlassen dann dem Leser die Kombination für die offene Volkswirtschaft mit staatlicher Aktivität.

$$Y = C^{Pr} + C^{St} + I^{Pr} + I^{St} + Z - T^{ind}$$

Wenn der Staat im Wirtschaftskreislauf berücksichtigt wird, so ergibt sich das Volkseinkommen aus den privaten Konsumausgaben C^{Pr}, den staatlichen Konsumausgaben C^{St}, (wozu z. B. die Gehälter der beim Staat Beschäftigten gehören), den privaten Investitionsausgaben I^{Pr} und den staatlichen Investitionsausgaben I^{St} (z. B. für die Infrastruktur), aber es sind außerdem noch die vom Staat an Unternehmen gezahlten Subventionen Z und die indirekten Steuern T^{ind} zu addieren oder zu subtrahieren. Der Grund ist folgender: Alle Konsum- und Investitionsgüter werden mit ihren Marktpreisen bewertet. In diesen »Marktpreisen« stecken als Aufschlag jedoch die indirekten Steuern (z. B. die Mehrwertsteuer), und diese »Marktpreise« sind um die Unternehmersubventionen niedriger als die »echten« Marktpreise. (Man unterstellt dabei, daß die Unternehmer wirklich die Subventionen weitergeben und diese Preisauf- und -abschläge vornehmen.) Vom Nettosozialprodukt zu »Marktpreisen« kommt man durch diese Korrektur zum Nettosozialprodukt zu Faktorkosten (Volkseinkommen).

Nachdem wir den Einfluß des Staates für die Messung des Volkseinkommens gezeigt haben, können wir zusammenfassend nochmals die Unterschiede der Berechnung und die daraus folgenden unterschiedlichen Begriffe für die wirtschaftliche Leistung einer Volkswirtschaft wiederholen:

1. Brutto-/Nettosozialprodukt

Unterscheidung, ob die Bruttoinvestitionen, einschließlich Abschreibungen, oder die Nettoinvestitionen, d. h. Bruttoinvestitionen abzüglich Abschreibungen, also nur die über den Ersatz des verschlissenen oder veralteten Anlagevermögens (Maschinen usw.) hinausgehenden (Netto-)Investitionen erfaßt sind.

2. Inlands-/Inländerprodukt

Unterscheidung, ob die Produktion im Inland (von In- und Ausländern) oder nur durch Inländer (im In- und Ausland) erfolgte. Nur beim Inländerprodukt sind die Erwerbs- und Vermögenseinkommen von Inländern aus dem Ausland erfaßt, die an Ausländer gehenden Einkommen abgezogen.

3. Sozialprodukt zu Marktpreisen /Sozialprodukt zu Faktorkosten (= Volkseinkommen)

Unterscheidung notwendig durch Einfluß des Staates auf die Marktpreise. Bei der Erfassung nach Faktorkosten sind die (übergewälzten, preiserhöhenden) indirekten Steuern abgezogen und die (preissenkenden) Subventionen an Unternehmen hinzugezählt.

Die bisher beschriebene Darstellung des Wirtschaftskreislaufs zeigte noch nicht systematisch alle Aufgliederungsmöglichkeiten der Kreislaufzusammenhänge, wie sie für den Wirtschaftsforscher interessant sind und vom statistischen Bundesamt geliefert werden.

Das Bruttosozialprodukt entsteht als Bruttowertschöpfung (Wert aller Verkäufe einschließlich der Lagerbestandsänderungen abzüglich der Vorleistungen, ohne die entrichteten Umsatzsteuern und Einfuhrabgaben) in den verschiedenen Wirtschaftsbereichen einer Volkswirtschaft und wird über das Inlandsprodukt berechnet **(Entstehungsrechnung)**.

Bei der **Verwendungsrechnung** wird vom Bruttosozialprodukt zu Marktpreisen ausgegangen. Das Bruttosozialprodukt zu Marktpreisen ist gleich der Summe aus privatem und staatlichem Konsum, privater und staatlicher Bruttoinvestition und Außenbeitrag. In der Verwendungsrechnung wird der Kreislaufzusammenhang häufig — wie oben geschehen — in Form von Gleichungen geschrieben: Die Verwendungsrechnung ist für die Wirtschaftsforschung besonders interessant, weil mit ihrer Hilfe z. B. Prognosen über die Entwicklung des Volkseinkommens abgeleitet werden.

Als **Verteilung des Volkseinkommens** (des Nettosozialprodukts zu Faktorkosten) bezeichnet man seine Aufteilung auf die beiden Einkommensarten *»Bruttoeinkommen aus unselbständiger Arbeit«* und *»Bruttoeinkommen aus Unternehmertätigkeit und Vermögen«*. Das Bruttoeinkommen aus unselbständiger Arbeit umfaßt die Bruttolohn- und -gehaltssumme einschließlich der Sozialbeiträge der Arbeitgeber. Der Rest, *alle* übrigen Einkommen (Einkommen aus Zinsen, Pachten, Dividenden, Gewinne und Ähnliches) fallen unter die Bezeichnung *»Bruttoeinkommen aus Unternehmertätigkeit und Vermögen«;* die Gleichsetzung mit *»Unternehmergewinnen«* ist nur sehr eingeschränkt möglich.

Um dem Leser einen Eindruck der wirtschaftlichen Leistungsfähigkeit der Bundesrepublik Deutschland zu geben, nennen wir im folgenden die neuesten Zahlen der wichtigsten Positionen der Volkswirtschaftlichen Gesamtrechnung (VGR):

Jahr 1990, in Milliarden DM   in laufenden Preisen

1. Bruttowertschöpfung	2. Bruttoinlandsprodukt	3. Bruttosozialprodukt	4. Nettosozialprodukt zu Marktpreisen	5. Nettosozialprodukt zu Faktorkosten	6. (von 5.) Bruttoeinkommen aus unselbst. Arbeit
2 225,5	2 404,5	2 425,5	2 125,8	1871,4	1313,9

Anmerkung: Im Unterschied zur Bruttowertschöpfung sind im Bruttoinlandsprodukt die vom Staat eingenommenen Umsatzsteuern und Einfuhrabgaben enthalten.

4. Von der ex-post- zur ex-ante-Analyse des volkswirtschaftlichen Kreislaufs: Die Frage nach den Bedingungen der Vollbeschäftigung

Bisher haben wir definitorische Zusammenhänge und aus der Wirtschaftstätigkeit der Vergangenheit (ex post) berechnete Globalgrößen kennengelernt. Definitionen und in Kontenform buchhalterisch dargestellte Zusammenhänge der Vergangenheit müssen immer zu gleichen Ergebnissen führen: Wie wir gesehen haben, muß ex-post — wegen der Definitionen — in einer bestimmten Zeitperiode (z. B. einem Jahr) die Ersparnis in einer (geschlossenen) Volkswirtschaft immer so groß wie die Investition sein und — wenn man sich nicht verrechnet — stimmen auch die Zahlenwerte überein. Wie wir bereits im ersten Abschnitt gesehen haben, werden Investition und Sparen jedoch von unterschiedlichen Wirtschaftseinheiten, den Unternehmern und den privaten Haushalten getätigt.

Wer kann sagen, ob sich aus der Summe der Entscheidungen von Unternehmern und Haushalten in Zukunft eine volkswirtschaftliche Investition ergibt, die gleich groß ist wie das Aggregat der zukünftigen Ersparnis?

Gehen wir davon aus, daß Unternehmer ihre Investition im voraus planen, Haushalte ihren Konsum — oder den Nicht-

Konsum, die Ersparnis, planen, so kann man eine Gleichheit von Investition und Sparen nur erwarten, wenn sich die Planungen in der Zukunft als gleich erweisen:

$$I_{geplant} = S_{geplant}$$

Man nennt einen solchen Fall, wo Planungen verschiedener Wirtschaftseinheiten »aufgehen«, ein Gleichgewicht. Erweisen sich die (ex-ante)-Planungen als nicht zusammenpassend, so muß sich die (ex-post)-Gleichheit von I und S (nachträglich) doch ergeben: Es treten ungeplante Investition und/oder ungeplante Ersparnis auf:

$$I_{geplant} + I_{ungeplant} = S_{geplant} + S_{ungeplant}$$

Wir sollten uns unter ungeplanter Investition die vergrößerte (unvorhergesehene) Lagerhaltung (Lagerinvestition) vorstellen und als ungeplante Ersparnis den durch Preissteigerungen bei gleichbleibendem Einkommen erzwungenen Verzicht auf den Kauf der vorgesehenen Konsumgütermenge betrachten.

Die sogenannte ex-ante-Betrachtung ist der Kern der volkswirtschaftlichen Makrotheorie. Es werden Hypothesen aufgestellt, welche Faktoren die Globalgrößen Investition und Sparen (bzw. Konsum) bestimmen, um anhand der Einflußgrößen die Entwicklung von Investition und Sparen vorausschätzen zu können. (Wir bleiben zunächst in der geschlossenen Volkswirtschaft.) Die Einflußfaktoren hängen selbstverständlich mit den einzelnen Entscheidungen der Unternehmer und Haushalte zusammen, man darf sich die Aggregation zu den Globalgrößen Investition und Sparen jedoch nicht einfach als Addition der Ergebnisse von Einzelentscheidungen vorstellen.

Wir werden alle im 2./3. Abschnitt dieses Kapitels abgeleiteten buchhalterischen Kreislaufbeziehungen bei der ex-ante-Analyse wiederverwenden, müssen uns jetzt jedoch darüber klar sein, daß die Globalgrößen des Kreislaufs nicht von vornherein zusammenpassen, sondern sich im Ablauf der Wirtschaftsprozesse anpassen oder angepaßt werden, so daß im nachhinein auch die buchhalterischen Identitäten hergestellt sind.

Die Untersuchung der Bedingungen, unter denen es zu einer solchen Anpassung aller Kreislaufströme kommt, daß das

Volkseinkommen den Einsatz sämtlicher in der Volkswirtschaft vorhandenen Arbeitskräfte erfordert, wird häufig als der zentrale Beitrag von Keynes bezeichnet. 1936, zum Ausgang der Weltwirtschaftskrise, erschien sein Buch »*The General Theory of Employment, Interest and Money*«, ein Buch, das als das meistzitierte ökonomische Werk unseres Jahrhunderts gilt. John Maynard Keynes (1883—1946) war Wissenschaftler *und* Wirtschaftspolitiker, und hatte großen Einfluß unter anderem auf die politische Diskussion über die deutschen Reparationszahlungen am Ende des Ersten Weltkriegs und die Neuordnung des Weltwährungssystem gegen Ende des Zweiten Weltkriegs.

Seine Arbeit wurde von sehr vielen anderen Ökonomen interpretiert und weitergeführt, so daß die Bezeichnungen Keynesianische Theorie, Postkeynesianische Theorie und Neokeynesianische Theorie nur als Hinweis auf den Ausgangspunkt der Überlegungen in der Keynes'schen Theorie genommen werden dürfen, es handelt sich nicht um auf Keynes zurückgehende Theoriebeiträge. Trotzdem unterscheiden sich *alle* diese aus Keynes' Arbeit heraus entwickelten Analysen makroökonomischer Zusammenhänge von allen anderen konkurrierenden Theorien: Sie halten die Güternachfrage in einer Volkswirtschaft — die Nachfrage nach Konsum- und Investitionsgütern — für die entscheidende Größe, die die Höhe des Volkseinkommens und die Zahl der eingesetzten Arbeitsstunden (die Beschäftigung) bestimmt.

Mit der Arbeit von Keynes setzte sich die makroökonomische Betrachtung von Einkommens- und Ausgabenströmen in der Volkswirtschaftlehre durch. Die aus gesamtwirtschaftlichen Nachfrageänderungen entstehenden Effekte auf das Volkseinkommen, nicht der Allokationsmechanismus der Preise der Produktionsfaktoren bestimmen nach Keynes die Höhe des Volkseinkommens und den Beschäftigungsgrad, d. h. den Anteil des vorhandenen Arbeitskräftepotentials, der von den Unternehmen beschäftigt wird.

Dagegen nahmen die »Klassiker« und »Neoklassiker« der Wirtschaftstheorie (vor Keynes) an, und behaupten gelegentlich auch noch Ökonomen heute, daß der Preismechanismus allein dafür sorgen kann, daß Kapital und Arbeit immer vollbeschäftigt sind, weil sinkende Löhne und Zinsen die Unternehmer zu Mehreinstellungen und weiteren Investitionen veranlassen würden, bis niemand mehr arbeitslos ist.

5. Das theoretische Konzept des Vollbeschäftigungsgleichgewichts: Konsum- und Investitionsausgaben als zentrale Größen

Die von Keynes in den Mittelpunkt gestellte effektive Nachfrage richtet sich auf Konsum- und Investitionsgüter. Als ex-post-Gleichung des Wirtschaftskreislaufs hatten wir kennengelernt:

$$Y = C + I$$

Das Volkseinkommen in der Volkswirtschaft ohne Außenhandel kann entweder für Konsum oder für Investition verwendet worden sein.

Bei der ex-ante-Betrachtung kennen wir das Volkseinkommen noch nicht. Wir gehen von der effektiven Nachfrage aus und fragen: Wovon hängt die Höhe der Konsum- und Investitionsausgaben in einer Volkswirtschaft ab, die das Volkseinkommen bestimmen?

Abhängigkeiten zwischen verschiedenen Größen werden durch Gleichungen beschrieben. In der ex-ante-Analyse haben wir jedoch nicht mehr Definitions- und buchhalterische Gleichungen (identische Gleichungen) wie in der ex-post-Analyse. Jetzt müssen wir Funktionen (Funktionsgleichungen) verwenden, wo veränderliche Größen in Beziehung zueinander gesetzt werden, die durch das Verhalten der Wirtschaftseinheiten bestimmt sind (Verhaltensgleichungen).

Die eine zentrale Hypothese der Keynesianischen Theorie besagt, daß der reale Konsum (also ohne Berücksichtigung etwaiger Preisniveauveränderungen, z. B. bei Inflation) wesentlich vom laufenden Realeinkommen abhängt und sich mit ihm verändert. Also

$$C = C(Y)$$

Graphisch stellen wir eine spezielle (lineare) Funktion dar (Abb. 12a):

$$C = C_A + cY$$

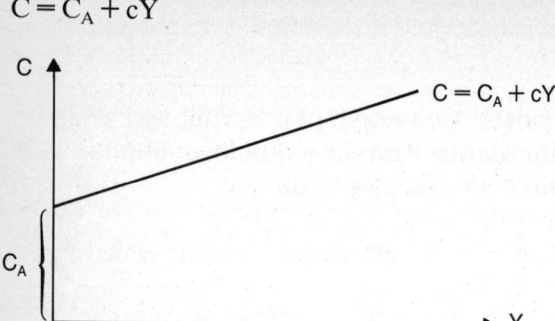

Abbildung 12a

Der reale Konsum steigt mit dem Realeinkommen Y, c wird als Konsumneigung bezeichnet. C_A, der sogenannte autonome Konsum, wird als ergänzender Term in der Gleichungsschreibweise gebraucht und ist inhaltlich nicht näher zu interpretieren.

Da wir wissen, daß definitionsgemäß Sparen Nicht-Konsum ist, also die Gleichung gilt

$$Y - C = S$$

können wir auch die zugehörige Sparfunktion zeichnen (Abb. 12b).

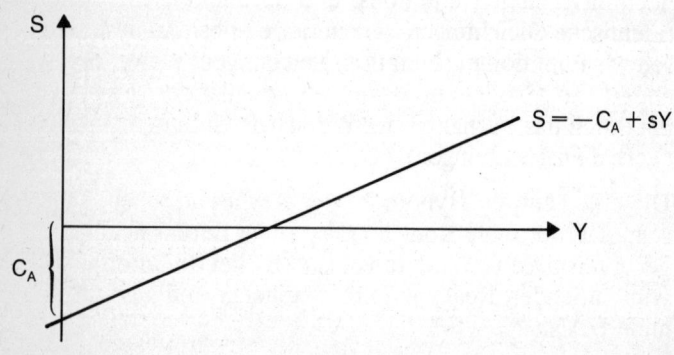

Abbildung 12b

66

Die zweite Hypothese der Keynesianischen Theorie betrifft die Bestimmungsgründe der Investition. Nach Keynes sind Investitionen der Unternehmer von den zukünftigen erwarteten Kapitalerträgen abhängig. In der Investitionsrechnung läßt sich zeigen, daß aus dieser Abhängigkeit der Einfluß des Marktzinses auf die Investition folgt: Kein Unternehmer investiert in Kapitalgütern, Maschinen usw., solange das zur Investition notwendige Geldkapital auf dem Kapitalmarkt einen höheren Ertrag, nämlich den Marktzins r, bringt. Also lautet die Investitionsfunktion in symbolischer Schreibweise:

$$I = I(r)$$

Mit fallendem Marktzins wird mehr investiert. Graphisch veranschaulicht:

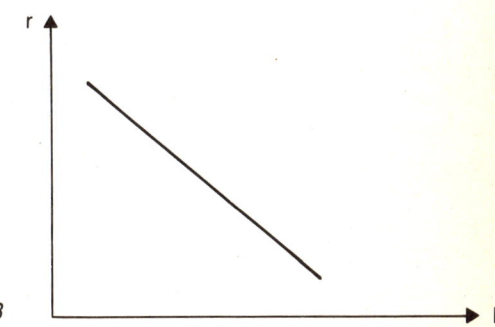

Abbildung 13

Die im voraus unbekannte effektive Nachfrage der Volkswirtschaft ergibt sich also aus den beiden Bestimmungsgleichungen für C, die Konsumausgaben, und I, die Investitionsausgaben: Symbolisch:

$$Y^N = C(Y) + I(r)$$

Die Produktion der Volkswirtschaft können wir uns durch eine Produktionsfunktion — in Abhängigkeit von den Mengen der eingesetzten Produktionsfaktoren Arbeit (A), Kapital (K), Boden (L) gemeinsam mit dem technischen Wissen (T) — beschrieben vorstellen. Sie entspricht der mikroökonomischen

Produktionsfunktion (aus Kap. II), nur müssen wir uns jetzt alle Güter zu einem einzigen Güterbündel aggregiert vorstellen. Dieses Güterbündel wird mit einem »*Durchschnittspreis*«, dem Preisniveau P, bewertet, so daß wir das volkswirtschaftliche Angebot (Y^A) erhalten:

$$Y^A = P \cdot Y^A_{real} (A, K, L, T)$$

Wir gehen davon aus, daß $Y = Y^A$ und erhalten deshalb die 45°-Linie in Abb. 14a.

Die effektive Nachfrage muß in der Volkswirtschaft genauso groß wie die Produktion sein. Nur dann besteht ein Gleichgewicht zwischen den Plänen der Wirtschaftseinheiten, nur dann können die Unternehmer alle produzierten Güter an die konsumierenden Haushalte absetzen: Es entsteht das Gleichgewichtsvolkseinkommen Y^*. Also muß gelten:

$$Y^A = Y^N = Y^*$$

Diese Gleichgewichtsbedingung entspricht der oben abgeleiteten Gleichgewichtsbedingung

$$I^{geplant} = S^{geplant}$$

Wir wollen die Gleichgewichtsbedingung für das Volkseinkommen in beiden Versionen graphisch darstellen:

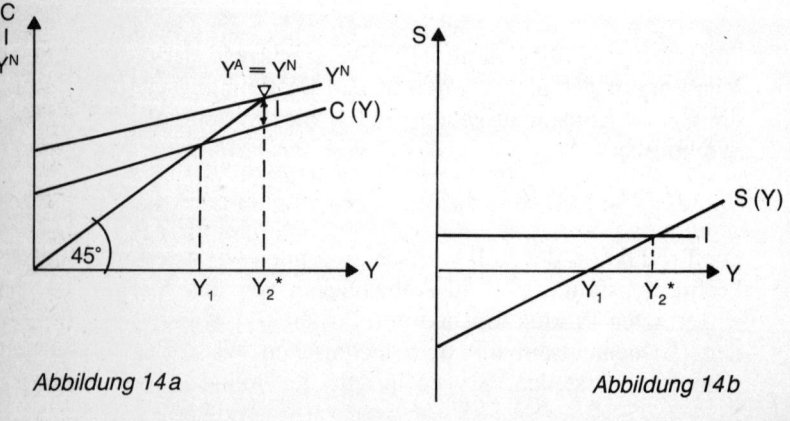

Abbildung 14a

Abbildung 14b

Wenn in einer Volkswirtschaft weder investiert noch gespart würde, ergäben sich Y_1 als Gleichgewichtsvolkseinkommen. Wird in der Volkswirtschaft investiert (wir gehen der Einfachheit halber von einer fest vorgegebenen — autonomen — Investition aus, so daß sich C(Y) parallel um das gleichbleibende I nach oben verschiebt), so ist

$$Y^N = C(Y) + I$$

und das Gleichgewichtseinkommen ist (Abb. 14a)

$$Y^N = Y^A = Y_2{}^*$$

Aus Abbildung 14b entnehmen wir die entsprechende Gleichgewichtsbedingung

$$I = S$$

wobei wir zu beachten haben, daß es sich hierbei um die im voraus geplanten Investitionen und die voraus geplanten Ersparnisse handelt, die gleich sein sollen.

Erinnern wir uns, daß in der Keynesianischen Theorie behauptet wird:

$$S = S(Y) \text{ und } I = I(r)$$

Zu einer Anpassung der geplanten Ersparnis und geplanten Investition kommt es also entweder durch eine Variation des (realen) Volkseinkommens, die das Sparen anpaßt, oder durch Zinsänderungen, die die Investition beeinflussen.

Sehr viel einfacher könnte man sich die Anpassung vorstellen, wenn das Sparen ebenso wie die Investition vom Zins abhängig wären, der Zins auf dem Kapitalmarkt also Angebot (S) und Nachfrage (I) in das Gleichgewicht bringen könnte. Dies unterstellt man in der sogenannten (neo-)klassischen Theorie, die deshalb sehr viel einfacher das Zustandekommen von Vollbeschäftigung (durch Anpassung der Preise der Produktionsfaktoren) zeigen kann.

6. Nachfragelücke und Multiplikatorprozeß: Ansatzpunkte wirtschaftspolitischen Handelns

Wir nehmen an, es sei das gleichgewichtige Volkseinkommen Y_2^* realisiert, weil die vorhandene effektive Nachfrage genau dieses volkswirtschaftliche Angebot aufnimmt. Zur Vollbeschäftigung aller in dieser Volkswirtschaft vorhandenen Arbeitskräfte müßte jedoch ein volkswirtschaftliches Angebot in Höhe von Y^V_3 produziert werden: Es ist eine Nachfragelücke entstanden:

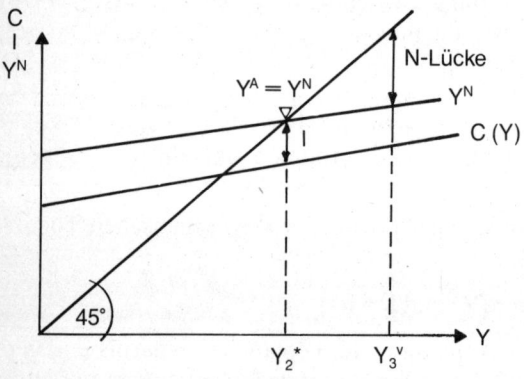

Abbildung 15

Für Y^V_3 ist das volkswirtschaftliche Angebot größer als die volkswirtschaftliche Nachfrage, in dieser Höhe kann deshalb kein »Gleichgewichtseinkommen« entstehen, obwohl es zur Auslastung des Arbeitskräftepotentials nötig ist. Wir stellen fest:

Unfreiwillige Arbeitslosigkeit entsteht durch unzureichende gesamtwirtschaftliche Nachfrage, unabhängig davon, welcher Reallohnsatz für die Arbeitskräfte sich auf dem Arbeitsmarkt ergibt.

Sinkende Reallöhne würden nicht zur Mehreinstellung von Arbeitskräften führen, die produzierten Güter könnte niemand kaufen, die Märkte könnten nicht geräumt werden.

Die Nachfragelücke ließe sich durch eine Erhöhung der gesamtwirtschaftlichen Nachfrage schließen. Nehmen wir eine Steigerung der Investitionsausgaben an: Es kommt bei den bisher nicht ausgelasteten Produzenten der Investitionsgüter zu einer Produktionssteigerung, sie müssen den Arbeitseinsatz erhöhen. Durch die Erhöhung der Beschäftigung in der Investitionsgüterindustrie entsteht mehr Einkommen. Aber es ist noch mehr zu berücksichtigen. Die Beschäftigten, die durch die Erhöhung der Investitionsgüterproduktion ein höheres Einkommen bekommen oder die neu eingestellt werden, geben einen Teil des Einkommens für den Konsum aus, ein (meist kleiner) Teil wird gespart. Deshalb steigt die Beschäftigung in der Konsumgüterindustrie, im Handel und in weiteren Wirtschaftszweigen, die mit dem Konsum zu tun haben. Auch hier entsteht zusätzliches Einkommen. Von diesem Einkommen wird wieder der größte Teil für den Konsum ausgegeben. Dieser Einkommensentstehungsprozeß geht bei einer dauerhaften, nicht nur vorübergehenden Investitionserhöhung weiter: allerdings werden die Einkommenszuwächse immer geringer, weil in jeder Runde die zusätzlichen Konsumausgaben wegen des Ersparnisanteils jedes neu entstehenden Einkommens abnehmen. Dieser beschriebene, sogenannte Multiplikatorprozeß ergibt (in der Addition) ein höheres Volkseinkommen, man sagt auch: Er kommt bei einem höheren Gleichgewichtseinkommen zum Stillstand.

Ein Zahlenbeispiel zeigt den Zusammenhang am besten:

(Angenommen ist eine Sparneigung(-quote) von 20 %, d. h. $S = 0,2\,Y$)

Zeitperiode (Jahr)	Investition (I)	Konsum (C)	Sparen (S)	Volkseinkommen (Y)
0	200	800	200	1000
1	300	800	200	1100
2	300	880	220	1180
3	300	944	236	1244
4	300	995,2	248,8	1295,2
.	.	.	.	.
.	.	.	.	.
n	300	1200	300	1500

Gehen die Investitionsausgaben (wieder) zurück, wirkt der Multiplikatorprozeß natürlich in entgegengesetzter Richtung: Der Rückgang des Volkseinkommens ist größer, als es dem Wegfall der Investitionsausgaben allein entsprechen würde.

Auch verminderte Konsumausgaben haben diesen Effekt: Wenn alle oder viele Haushalte mehr zu sparen versuchen, sinkt das Volkseinkommen, und es ergibt sich das paradoxe Ergebnis, daß trotz gleichbleibender Sparneigung die Gesamtersparnis in der Volkswirtschaft sogar zurückgeht. Der zahlenmäßige Wert des Multiplikators, der bestimmt, um wieviel höhere oder niedrigere Investitionsausgaben oder auch andere Ausgaben, z. B. Staatsausgaben, das Volkseinkommen zu- oder abnehmen lassen, hängt vom Wert der Konsumquote ab, also dem Anteil des Konsums am Einkommen. In der Gleichung hatten wir die Konsumneigung mit c bezeichnet. Je größer c, um so größer ist der Multiplikator. Wenn wir mit der Sparquote argumentieren wollen, gilt: Je kleiner die Sparneigung ($s = 1 - c$), um so größer der Multiplikator. (Im Zahlenbeispiel $c = 0,8$, also $s = 1 - c = 0,2$.)

Ebenfalls einen Multiplikatoreffekt auf das Volkseinkommen finden wir bei einer Erhöhung der Exporte. Das kann man sich leicht selbst klarmachen, wenn man die (ex-ante-)Volkseinkommensgleichung der offenen Volkswirtschaft betrachtet:

$$Y = C(Y) + I + Ex - Im(Y)$$

Wir sehen an dieser Gleichung, daß der Multiplikatorprozeß nicht nur durch das in jeder »Einkommensrunde« »versickernde« Sparen (Nicht-Konsum), sondern gleichzeitig durch die jeweils nicht Einkommen schaffenden Ausgaben für Importe beeinflußt wird. Aktuell kann man die für das Volkseinkommen und damit für die Beschäftigung negative Wirkung wachsender und hoher Importausgaben in der ehemaligen DDR beobachten: Der Multiplikatorprozeß wurde in die negative Richtung in Gang gesetzt und hat massiv Beschäftigung abgebaut. Selbstverständlich spielen ebenso Probleme auf der Seite des volkswirtschaftlichen Angebots eine Rolle.

Bei der ex-post-Analyse haben wir die Verteilungsrechnung des Wirtschaftskreislaufs kennengelernt. Ex-ante ist die Verteilung des Volkseinkommen auf Gewinn-, Lohn- und Gehaltseinkommen für Höhe und mögliche Veränderungen des Volkseinkommens von großer Bedeutung, da ein Kreislaufzusammenhang mit der Verwendung des Volkseinkommens für Konsum und Investition besteht. Dies ist nun noch zu zeigen.

$$Y = L + G$$

Diese Definitionsgleichung sagt: Das Volkseinkommen setzt sich zusammen aus Bruttoeinkommen aus unselbständiger Arbeit, sehr vereinfacht genannt Lohn L, und Bruttoeinkommen aus Unternehmertätigkeit und Vermögen, sehr vereinfacht genannt Gewinn G. Als Gleichung der Einkommensverwendung hatten wir abgeleitet

$$Y = C + I$$

Wenn wir den Konsum aus dem Gewinn C_G und den Konsum aus dem Lohn C_L nennen, erhalten wir

$$Y = C_G + C_L + I$$

Beim Lohn berücksichtigen wir die Aufteilung auf Konsum und Sparen

$$L = C_L + S_L$$

Bei den Unternehmen unterstellen wir zur Vereinfachung, daß sie nicht sparen.

Wir können jetzt die Bestimmungsgleichung für den Gewinn ableiten:

$$G = Y - L$$
$$G = (C_G + C_L + I) - (C_L + S_L)$$
$$G = C_G + I - S_L$$

Der Unternehmergewinn entspräche, wenn aus dem Lohn nicht gespart würde (also $S_L = 0$ ist), der Summe aus Investition und Unternehmerkonsum. Deshalb sagt man: Die Unternehmer schaffen sich ihren Gewinn selber. Durch Sparen aus dem Lohn sichern sich die Nicht-Unternehmer jedoch die »Beteiligung« an der Investition, denn es ist

$$C_G + I = G + S_L$$

Beim Multiplikatorprozeß ist die Investition bis zum Erreichen des neuen Gleichgewichtseinkommens größer als die Ersparnis. Deshalb entsteht während des Anpassungsprozesses ein Zusatzgewinn über den Gewinn G im Gleichgewicht hinaus, der den Prozeß des Nachfragewachstums vorantreibt. Wir sollten jedoch keine Kausalzusammenhänge unterstellen, Kreislaufbeziehungen sagen noch nichts darüber, ob z. B. bei einer Lücke der effektiven Nachfrage zunächst die Gewinne oder erst z. B. die Investitionsausgaben steigen müssen, damit der Prozeß der Zunahme des Volkseinkommens in Gang kommt.

7. Diskussionsnotwendigkeiten des Keynesianischen Ansatzes

Die Betonung der Rolle der volkswirtschaftlichen Nachfrage für einen störungsfreien Wirtschaftskreislauf ist noch immer Kennzeichen der keynesianisch orientierten Theorien. Trotz aller alternativen Erklärungsversuche für (unfreiwillige) Arbeitslosigkeit, erweist sich die These von der *»Nachfragelücke«* in der Realität immer noch als die einzige Erklärung für eine *alle Wirtschaftszweige* betreffende Arbeitslosigkeit, die sich ohne Interpretationskunststücke anhand der empirischen Analyse bestätigen läßt.

Auch wenn hinter dem Keynesianischen Zusammenhang eine Vielzahl weiterer Erklärungsfaktoren verborgen sein mögen, so kann der Keynesianische Kerngedanke doch nur von jemandem übersehen werden, dem es um die wirtschaftspolitischen Implikationen von Theorien geht. Wir werden im Kapitel über die Aufgaben des Staates näher darauf eingehen müssen.

Eine Berücksichtigung der Weiterentwicklungen der Keynesianischen Theorie, die vor allem unter der Überschrift *»Neokeynesianismus«* zusammengefaßt werden, würde uns keine neuen grundlegenden Erkenntnisse bringen. Man diskutiert, welche Rolle die Erwartungen der Wirtschaftseinheiten für den Ablauf des Wirtschaftsprozesses spielen und insbesondere auch die Anpassungsreaktionen in der Volkswirtschaft, wenn Planungen der Haushalte für ihren vorgesehenen Konsum sich als nicht realisierbar erweisen, die Preise nicht schnell genug reagieren, die nachgefragte Konsumgütermenge niedriger als vorgesehen ist und deshalb die Unternehmer ihre Produktionspläne revidieren müssen.

Größte Beachtung fand der *Monetarismus* als »Gegentheorie« zur Keynesianischen Theorie. Monetaristische Ökonomen meinen, genügend Argumente zu haben, um der effektiven Nachfrage die zentrale Rolle für einen störungsfreien Wirtschaftskreislauf bestreiten, und statt dessen die Bedeutung der Geldmenge zeigen zu können.

Das Unbehagen vieler Ökonomen ist wegen der wirtschaftspolitischen Implikationen der Keynesianischen Theorie verständlich: Das Schließen einer Lücke bei der effektiven Nachfrage, um Vollbeschäftigung zu erreichen, kann als Aufgabe staatlicher Wirtschaftspolitik (durch Erhöhung der Staatsausgaben) gesehen werden, wie sie in Kapitel IV besprochen wird. Die Gefahr eines dadurch entstehenden Überschießens der effektiven Nachfrage ist nicht zu übersehen.

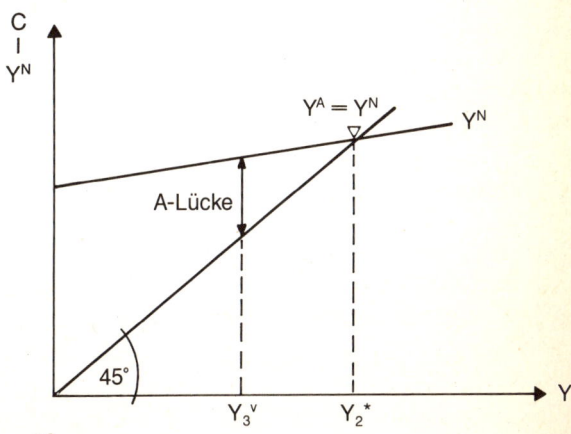

Abbildung 16

Wenn die effektive Nachfrage größer als die gesamtwirtschaftliche Produktion beim Vollbeschäftigungseinkommen Y^V_3 ist, entsteht eine Angebotslücke (Abb. 16). Wird die notwendige

Geldmenge für die sich ergebenden Transaktionen bereitgestellt, so steigen nur die Preise, bis man das Gleichgewichtsvolkseinkommen Y_2^* erreicht. Wir werden uns mit den angedeuteten inflatorischen Zusammenhängen beschäftigen, wenn wir die Rolle des Geldes in der Wirtschaft in Kapitel V analysieren.

IV. Die Aufgaben des Staates in der Marktwirtschaft: Zur Begründung der Wirtschaftspolitik

1. Der Wandel der Ansichten über die Rolle des Staates: Die Begründung von Staatstätigkeit und Wirtschaftspolitik in der Marktwirtschaft

Aufgaben des Staates bei der Versorgung seiner Bürger mit bestimmten Gütern wurden schon gesehen, bevor die Volkswirtschaftslehre als Wissenschaft sich damit beschäftigte: Die staatliche Förderung des Schulwesens und von Forschung und Entwicklung als Voraussetzung steigenden Volkswohlstands, das Verkehrswesen, Landesverteidigung, Justiz und Polizei wurden als notwendige Staatsaufgaben schon vor mehr als dreihundert Jahren beschrieben.

Mit dem Entstehen der Volkswirtschaftslehre vor mehr als zweihundert Jahren begann allerdings auch die noch nicht beendete Diskussion, welche Infrastrukturleistungen unbedingt der Staat anbieten müsse, welche auch von privaten Anbietern bereitgestellt werden könnten. Die aktuellen Vorschläge zum Ausbau der Infrastruktur in der ehemaligen DDR von privatwirtschaftlich finanzierten Autobahnen bis hin zur Abfallentsorgung durch private Unternehmer zeigen, daß über den notwendigen Umfang der Staatstätigkeit weder bei Volkswirten noch bei Politikern Einigkeit besteht. Diese Aussage gilt nicht nur für die Versorgung mit Infrastrukturleistungen, sondern auch für die staatliche Beeinflussung des Wirtschaftsprozesses überhaupt.

Zum Verständnis der gegenwärtigen Ansichten über die wirtschaftspolitischen Aufgaben des Staates muß man sich die Zeit der Weltwirtschaftskrise Anfang der 30er Jahre vergegenwärtigen.

Die von der Wirtschaft geschaffene gesellschaftliche Problemsituation, insbesondere die Massenarbeitslosigkeit, erzwang eine Wende des ökonomischen Denkens, und es entstand eine neue ökonomische Wirtschaftstheorie, die **»makroökonomische Beschäftigungstheorie«,** die die vorhandene alte Theorie zwar nicht ersetzte, aber in entscheidenden Punkten ergänzte. Damit verbunden war eine neue Sicht der Rolle des Staates in der Wirtschaft. Der ökonomische Liberalismus, der Glaube an die Selbststeuerung der Wirtschaft über den Markt, hatte auch innerhalb der Wirtschaftswissenschaft einen entscheidenden Rückschlag erhalten.

Die Kriegswirtschaft des Zweiten Weltkriegs verhinderte praktisch jede wirtschaftspolitische Konsequenz der *»keynesianischen Revolution«* (siehe Kapitel III). Nach dem Zweiten Weltkrieg begann in der Bundesrepublik Deutschland der Wiederaufbau und die Gestaltung der sozialen Marktwirtschaft, die wesentlich auf dem Ordoliberalismus der *»Freiburger Schule«* aufbaut. Ein *»starker«* Staat soll die Rahmenbedingungen für die Marktwirtschaft durch Sicherung der Wettbewerbsordnung garantieren und die Marktergebnisse, soweit nötig, sozial ausgleichen. Nach etlichen Diskussionsansätzen im Laufe der Jahre ließ erst der Einbruch beim Wirtschaftswachstum 1966/67 die auf Keynes zurückgehende Globalsteuerung (der gesamtwirtschaftlichen Nachfrage) zu einer allgemein akzeptierten Wirtschaftspolitik werden.

Anfang der 80er Jahre begann man wieder, die *»keynes'sche Botschaft»* kritischer zu sehen, als es bei steigendem Preisniveau der Wirtschaftspolitik nicht gelang, die Zunahme der Arbeitslosigkeit zu verhindern. Die Rolle des Staates in der Wirtschaft wurde neu in Frage gestellt und mit gesellschaftspolitischen Überlegungen verknüpft.

Die Diskussion läßt sich im Kern zurückführen auf die Frage nach der Kombination der elementaren gesellschaftlichen Entscheidungsverfahren, die in jeder Gesellschaft vorhanden sind und mit jeweils unterschiedlichem Gewicht verknüpft werden müssen. Neben dem Markt als dem auf dem Preismechanismus beruhenden dezentralen Steuerungssystem gibt es zur Koordinierung der dezentralen Entscheidungen in einer Gesellschaft noch das demokratische Wahlsystem, mit dem jedoch kaum konkrete Einzelentscheidungen einer Gesellschaft mit vielen Mitgliedern zu treffen sind.

Dem Markt als entgegengesetztes Extrem eines Entscheidungssystems gegenübergestellt ist die Bürokratie, in der hierarchisch von oben nach unten und damit zentral angewiesen und kontrolliert wird. Beim Verhandlungssystem werden Entscheidungen zwischen Repräsentanten sozialer Gruppen ausgehandelt. Es ergänzt eher die anderen Entscheidungssysteme, als daß es sie ersetzt, denn nur ein Teil gesellschaftlicher Interessen ist in Gruppen organisierbar.

Die Frage nach der Rolle des Staates in der Wirtschaft ist eng verknüpft mit der Frage, welche Aufgaben man bürokratischen Entscheidungen überlassen sollte, wo der Staat selbst Aufgaben der Produktion, z. B. von Infrastrukturleistungen übernehmen muß, wann staatliche Gesetze die Befolgung von Regeln erzwingen und die bürokratische Kontrolle die Durchführung überprüfen sollen und wo die Bürokratie nur durch Finanzmittel intervenieren darf.

Die theoretische Rechtfertigung für Staatseingriffe in die Wirtschaft ist allgemein einsichtig: Wo der Markt versagt oder wo erhebliche Mängel des Marktes vorliegen, sind staatliche Aktivitäten notwendig.

Die wichtigste Form des Marktversagens finden wir natürlich in den Fällen, wo es um (öffentliche) Güter geht, für die definitionsgemäß kein Markt existieren kann. Allerdings wird Marktversagen von Interessengruppen auch bei Gütern behauptet, wo eine genaue Prüfung nichts Ungewöhnliches zeigt. Ein gutes Beispiel sind landwirtschaftliche Produkte, für die Bauernverbände gern das Versagen der Agrarmärkte feststellen wollen. Tatsächlich geht es jedoch darum, daß die Ergebnisse der Agrarmärkte nicht akzeptiert werden, weil die sich daraus ableitenden Einkommen den Bauern (und ihren gewählten politischen Vertretern) nicht ausreichend erscheinen.

Etwas anders ist der Fall der Wohnungsmärkte, wo dem Marktmechanismus der Abbau von sehr großen Angebots- und Nachfrageunterschieden nicht zugetraut wird: Hier sind die sozialen Folgen das zentrale Argument, Marktversagen zu behaupten.

Staatliche Eingriffe werden nicht nur dort gefordert, wo man Marktversagen feststellt oder behauptet, häufiger werden sie zum Ausgleich von Marktmängeln verlangt. Marktmängel treten zum einen dort auf, wo sich in den Preisen der Güter nicht alle bei der Produktion anfallenden Kosten widerspiegeln: Der wichtigste Fall sind die Kosten der Umweltbeeinträchtigung, die nicht berücksichtigt werden, weil Umweltgüter, z. B. reine Luft und sauberes Wasser nicht mit Preisen auf Märkten gehandelt werden, sondern extern — außerhalb der Märkte der Produktionsfaktoren — für die private Güterproduktion beansprucht werden (externe Kosten). Diese Marktmängel führen zu nicht optimalen Produktionsentscheidungen; weil es sich um *»falsche«* Preissignale handelt, treten die Mängel auch auf vollkommenen Märkten auf. Darüber hinaus sind Marktmängel natürlich auf nicht vollkommenen Märkten zu finden, auf Märkten, wo monopolistische Machtstrukturen oder staatliche Eingriffe die Preisbildung verzerren.

Die zuletzt genannten Marktmängel, die sich bei bestimmten Marktstrukturen ergeben, werden von der Ordnungspolitik bekämpft, die im Mittelpunkt des oben erwähnten Ordoliberalismus steht. Der Kernbereich der Ordnungspolitik, die Wettbewerbspolitik, wird später in diesem Kapitel näher erläutert. Ebenso behandelt ein eigener Abschnitt dieses Kapitels die Aufgaben des Staates bei der Versorgung der Wirtschaft mit öffentlichen Gütern: Gütern, die vom Markt nicht bereitgestellt werden (können).

Die durch externe Kosten verursachten Marktmängel stehen im Mittelpunkt der Diskussion um das Verhältnis von Ökonomie und Ökologie, die in einem gesonderten Kapitel erfolgt.

Staatliche Eingriffe in die Wirtschaft sind nicht nur durch Marktversagen und Marktmängel gerechtfertigt. Die Ziele der Gesellschaft in bezug auf die Ergebnisse der Wirtschaftstätigkeit können staatliche Wirtschaftspolitik notwendig machen, allerdings ist nur unbestritten, daß Gerechtigkeitserwägungen,

z. B. bei der Verteilung der Einkommen, allgemein eine Rolle spielen können:
Die gesellschaftlichen Auseinandersetzungen beginnen bei der Festlegung von Gerechtigkeitskriterien. In der sozialen Marktwirtschaft ist die Notwendigkeit einer Umverteilung von Einkommen und Vermögen im Prinzip jedoch anerkannt.

Wirtschaftspolitik, um bestimmte Ziele zu erreichen, wird als allgemeine Politik, vor allem jedoch bezogen auf einzelne Aufgabengebiete und Wirtschaftszweige betrieben, z. B. Konjunkturpolitik, Stabilitätspolitik, Verkehrspolitik, Kohlepolitik, Strukturpolitik, Sozialpolitik, Arbeitsmarktpolitik. Hierbei handelt es sich um Prozeß-(Ablauf-)politik. Im Unterschied zur rahmensetzenden Ordnungspolitik greift diese Politik in ihren verschiedenen Ausgestaltungen mit unterschiedlichen indirekten, aber auch direkten Instrumenten in den Wirtschaftsprozeß ein.

2. Träger und Ziele der Wirtschaftspolitik in der Bundesrepublik Deutschland, wirtschaftspolitische Instrumente und der Ziel-Mittel-Zusammenhang

Träger wirtschaftspolitischer Entscheidungen sind alle Institutionen und Personen in einer Gesellschaft, die über politische und/oder ökonomische Einflußmöglichkeiten auf eine bestimmte wirtschaftliche Situation verfügen und diese Situation im Hinblick auf bestimmte Ziele, bezogen auf einzelne Gruppen oder die Gesamtheit der Gesellschaft auch verändern wollen. Theoretisch könnten auch private Personen unter diese Definition fallen, praktisch betrachtet man als Träger der Wirtschaftspolitik nur politische Parteien, Regierungen, Verwaltungen, öffentlich-rechtliche Körperschaften wie Bundesversicherungsanstalten, Industrie-, Handels-, Handwerks- und Landwirtschaftskammern, Berufsorganisationen, Verbände — v. a. Gewerkschaften und Unternehmerverbände —, und wissenschaftliche Gremien (Beiräte, Sachverständigenräte). In der Demokratie ist zu berücksichtigen, daß die politische Entscheidungsbefugnis nach dem Prinzip der Gewaltenteilung auf Parlament (Regierungs- und Oppositionsparteien), Regierung und nachgeordnete Verwaltung sowie die Rechtsprechung (Gerichte, insbesondere Bundesverfassungsgericht) verteilt ist. Im Föderalstaat ist zudem die Entscheidungsbefugnis Gebietskörperschaften verschiedener Ebenen, Bund, Bundesländern, Gemeinden, zugeordnet. Hinzu kommen noch für spezifische Funktionen geschaffene Zwischenebenen, wie Stadt-Umland-Verbände, Planungsregionen, Bezirke, und mit speziellen Aufgaben betraute Behörden wie die Bundesanstalt für Arbeit, das Umweltbundesamt und das Bundeskartellamt. Die Träger supranationaler Wirtschaftspolitik, wie die Europäische Gemeinschaft und der Internationale Währungsfonds, beeinflussen selbstverständlich ebenfalls die nationale Politik.

Die Bundesbank hat eine Sonderstellung als autonomer Träger der Wirtschaftspolitik, insbesondere als Hauptträger geldpolitischer Aktivitäten, auf die im Kapitel über die Rolle des Geldes in der Wirtschaft im einzelnen einzugehen ist.

Das Grundverständnis der Wirtschaftspolitik in einer Marktwirtschaft, vor sozialen Überlegungen für ein optimales Funktionieren des Marktmechanismus zu sorgen, wird klar, wenn wir uns erinnern, daß die Wohlstandsmaximierung einer Gesellschaft, die auch oberstes und allgemeines Ziel jeder Wirtschaftspolitik sein muß, sich im Modell des vollkommenen Wettbewerbs ableiten ließ. In den entwickelten Industrieländern kann Wirtschaftspolitik natürlich nicht ohne Beachtung oberster gesellschaftlicher Grundwerte wie Freiheit, Gerechtigkeit, Sicherheit und Fortschritt erfolgen. Soziale Gerechtigkeit wird als Ziel im allgemeinen direkt neben die über den Markt angestrebte Wohlstandsmaximierung gestellt, die Verbindung beider Ziele ist charakteristisch für das Konzept der *»sozialen Marktwirtschaft«*.

Die mit der Einführung der Globalsteuerung Mitte der 60er Jahre begonnene *»neue Wirtschaftspolitik«* war insofern eine fundamentale Erweiterung der ordoliberalen Wirtschaftspolitik, als damit die Ordnungspolitik durch ein *Konzept der Prozeßpolitik,* und nicht nur durch einzelne prozeßpolitische Eingriffe ergänzt wurde. Der Konzeptcharakter zeigt sich in der Formulierung des Stabilitäts- und Wachstumsgesetzes von 1967. Die darin genannten *»im Rahmen der marktwirtschaftlichen Ordnung«* anzustrebenden wirtschaftspolitischen Ziele *»Stabilität des Preisniveaus, hoher Beschäftigungsgrad und außenwirtschaftliches Gleichgewicht bei stetigem und angemessenem Wirtschaftswachstum«* bilden noch immer die allgemeinen Leitlinien für die wichtigsten Teilbereiche der Wirtschaftspolitik, sieht man vom sozialen Gerechtigkeits- oder Gleichmäßigkeitsziel der Einkommenspolitik ab, das von vornherein Bestandteil jeder Wirtschaftspolitik der »sozialen Marktwirtschaft« war.

Zwischen verschiedenen Zielen der Wirtschaftspolitik bestehen Zielbeziehungen:

Ziele können sich ergänzen, sie können in Konflikt zueinander stehen, oder sie können miteinander völlig neutral sein. Die Art und Weise der Zielbeziehung läßt sich nur feststellen, wenn man die beabsichtigten wirtschaftspolitischen Maßnahmen kennt und ihre Wirkungen auf die verschiedenen Haupt- und Nebenziele abschätzen kann. Mit der Ziel-Mittel-Analyse sprechen wir das Grundschema der Struktur wirtschaftspolitischer Entscheidungen an.

Eine wirtschaftspolitische Entscheidung besteht grundsätzlich immer darin, in einer gegebenen wirtschaftlichen Situation (Lage) wirtschaftspolitische Maßnahmen zu ergreifen (Instrumente einzusetzen), um die Situation im Hinblick auf bestimmte wirtschaftliche Zielvorstellungen zu verändern, zum Beispiel die Zahl der Arbeitslosen im Hinblick auf das Vollbeschäftigungsziel abzubauen.

Die Aufgabe ist kompliziert,

— da verschiedene Träger der Wirtschaftspolitik auf eine Situation einwirken können und ihre Kooperation nicht vorausgesetzt werden kann.

— da die Informationen über die zu ändernde Situation und ihre Ursachen wahrscheinlich unvollständig und ungenau sind und auch das entscheidungsrelevante Umfeld aus rechtlich-institutionellen, gesellschaftlichen und technischen Faktoren nicht im einzelnen bekannt ist,

— da die Wirkungen der beabsichtigten Maßnahmen in einem nicht genau feststellbaren Umfeld unsicher sind und

— da die Wirtschaftspolitik in einem bestimmten wirtschaftlichen und politischen Umfeld erfolgen muß, das die Handlungsmöglichkeiten mehr oder weniger beschränken wird.

Die dem Wirtschaftspolitiker zur Verfügung stehenden Instrumente, um bestimmte Maßnahmen durchführen zu können, sind vielfältig, lassen sich jedoch nach bestimmten Kriterien klassifizieren. Die Unterscheidung nach dem Ansatz der Maßnahmen bei Wirtschaftsordnung oder Wirtschaftsprozeß in ordnungs- oder prozeß-(ablauf-)politische Instrumente wurde bereits erwähnt. Prozeßpolitische Instrumente unterteilt man insbesondere nach dem Grad der damit verbundenen Eingriffsintensität. Eine grobe Dreiteilung erweist sich dabei zunächst als zweckmäßig.

Die Kategorien:

— Informations- und Beratungsinstrumente

— finanzielle Instrumente und

— Zwangsinstrumente oder administrative Instrumente

sind nach der Zunahme der Eingriffsintensität geordnet.

Zwangsinstrumente, wie Gebote, Verbote, Auflagen und Genehmigungen greifen am stärksten in den Wirtschaftsablauf ein. Sie sollten nur in Ausnahmefällen in der Marktwirtschaft eingesetzt werden, da sie nicht marktkonform sind. Außerdem werfen sie immer Durchsetzungs- und Kontrollprobleme auf. Wie umweltpolitische Maßnahmen, z. B. die Einführung bestimmter einzuhaltender Grenzwerte der Trinkwasserbelastung, zeigen, fehlen auch ausreichende Sanktions-(Straf-)mechanismen, um auf Verletzungen der Auflagen reagieren zu können.

Finanzielle Instrumente stellen die am häufigsten angewandten Mittel der Wirtschaftspolitik dar. Finanzhilfen, vor allem Subventionen, einschließlich Steuervergünstigungen in vielfältiger

Form, bilden die wesentliche Grundlage der sogenannten *Anreizpolitik*, mit der Entscheidungen der Wirtschaftseinheiten, meist der Unternehmer, in bestimmter Weise indirekt gelenkt werden sollen. Prinzipiell sind Finanzhilfen marktkonforme Instrumente, schreiben sie doch direkt keine Entscheidungen vor; sie können jedoch — je nach Umfang — starke Wirkungen haben. Zu den finanziellen Instrumenten, mit denen Anreize gegeben werden, zählen auch die staatlichen Infrastrukturausgaben.

Da die Infrastruktur allerdings zur Voraussetzung jeder Wirtschaftstätigkeit gehört, beeinflussen Infrastrukturausgaben im Extremfall wirtschaftliche Entscheidungen sogar direkt, können im Extremfall also Zwangscharakter bekommen.

Die dritte Kategorie wirtschaftspolitischer Instrumente, die Informations- und Beratungsmaßnahmen, sind theoretisch am wenigsten eingriffsintensiv, haben in Einzelfällen, wenn über die Medien, (Presse, Fernsehen) die öffentliche Meinung aktiviert werden kann, jedoch besonderes Gewicht.

Wirtschaftspolitische Instrumente werden eingesetzt, um bestimmte Ziele zu erreichen. Ziele und Mittel lassen sich nicht streng voneinander trennen, komplexe Ziel-Mittel-Zusammenhänge sind zu beachten.

Finanzielle Zuschüsse sollen z. B. die private Investitionstätigkeit in bestimmten Bereichen oder Regionen erhöhen. Die beabsichtigte Erhöhung der privaten Investitionstätigkeit ist dabei im allgemeinen nur ein Unterziel (= Instrument) zur Erhöhung der Beschäftigung, die als Zwischenziel (= Instrument) zur Zunahme des Volkseinkommens führt und letztlich dem Oberziel der Erhöhung der wirtschaftlichen Wohlfahrt der Gesellschaft dienen soll. Nur die Wirkungen der Instrumente, Unter- und Zwischenziele auf Oberziele entscheiden über den Erfolg einer bestimmten Wirtschaftspolitik. Eine sorgfältige Wirkungsanalyse vorgesehener Maßnahmen ist jeweils nötig, kann jedoch nie die Erreichung bestimmter Ziele garantieren. Die Informationen über Wirkungszusammenhänge können nie vollständig sein, es treten Nebenwirkungen auf. Positive Wirkungen auf ein bestimmtes Ziel können von negativen Wirkungen auf ein anderes Ziel begleitet sein. Ein aktuelles Beispiel:

Investitionsförderung in den neuen Bundesländern kann wegen der Inanspruchnahme des Kapitalmarkts zu Zinssteigerungen führen. Auch wenn die Investitionsförderung in Richtung auf das Hauptziel, die Erhöhung der Beschäftigung, wirkt, behindern die Zinserhöhungen als Nebenwirkungen gleichzeitig andere Investitionstätigkeiten, z. B. unter Umständen den Wohnungsbau; es entsteht ein Konflikt mit dem Ziel der Verbesserung der Wohnungsversorgung.

Nicht zuletzt die Unsicherheit über die Wirkungszusammenhänge begünstigt in der Realität einzelfallbezogene, an bestimmten Wählerinteressen ausgerichtete wirtschaftspolitische Entscheidungen. Gleichzeitig ermöglicht unzureichende oder fehlende Wirkungsanalyse den unkoordinierten Einsatz von Instrumenten in verschiedenen Politikbereichen. Auf die wichtigsten Teilgebiete der Wirtschaftspolitik, die wichtigsten Teilpolitiken mit ihren spezifischen »Teil«zielen und darauf ausgerichteten Instrumenten, wird im folgenden eingegangen, sofern nicht in gesonderten Kapiteln, wie zu den Themenbereichen Geld, Wachstum und Außenhandel, Aspekte der Wirtschaftspolitik behandelt werden.

3. Die Wettbewerbspolitik

Die Wettbewerbspolitik bildet den Kern der Ordnungspolitik, deren Aufgabe in der Gestaltung und Sicherung der Wirtschaftsordnung einer Volkswirtschaft besteht. Wettbewerbspolitik gewährleistet das Funktionieren und den Schutz des marktwirtschaftlichen Steuerungsmechanismus, indem sie das Verhalten der Wirtschaftseinheiten so beeinflußt (beeinflussen soll), daß die Marktprozesse als Wettbewerbsprozesse ablaufen. Durch die Sicherung der dezentralen Entscheidungsstruktur einer Volkswirtschaft wird die Freiheitsfunktion des Wettbewerbs gewahrt. In seiner Anpassungs- oder Allokationsfunktion sorgt der Wettbewerb für die laufende Ausrichtung der Güterproduktion an der sich wandelnden Nachfragestruktur der Haushalte und für die passende Umstrukturierung der Produktionsfaktoren. Die Entdeckungs- bzw. Fortschrittsfunktion des Wettbewerbs besteht in dem durch Wettbewerb verursachten Zwang zu technischem Fortschritt. Wettbewerb verhindert, daß nicht leistungsbezogene Einkommen bestehen bleiben (Verteilungsfunktion des Wettbewerbs).

Die Unterstützung und Sicherung der genannten Funktionen des Wettbewerbs führt zum *»funktionsfähigen Wettbewerb«*. Mit diesem Begriff wird eine praxisrelevante Form des Wettbewerbs bezeichnet, die umfassender als das in der Mikroökonomik (Preistheorie) dargestellte Modell ist.

Ob auf einem Markt ein funktionsfähiger Wettbewerb vorliegt, ist zu prüfen:

a) **anhand der Marktergebnisse.** Man konfrontiert die Ergebnisse des betrachteten Marktes u. a. hinsichtlich Preisen und Gewinnspannen, mit denen von tatsächlichen Vergleichsmärkten oder fragt, welche Ergebnisse (hypothetisch) bei vollkommenem Wettbewerb zu erwarten wären.

b) **aufgrund des Marktverhaltens der Marktteilnehmer.** Man prüft z. B. die Methoden der Preiskalkulation und die Produkt- und Absatzpolitik, ob sie mit wettbewerblichem Verhalten vereinbar, z. B. nicht durch Absprachen und Abstimmungen von Unternehmen zustandegekommen sind.

c) **durch Analyse der Marktstruktur.** Hat man den relevanten Markt abgrenzen können, so wird man bei einer sehr geringen Zahl und/oder sehr ungleich großen Marktteilnehmern, also bei Überschreiten eines bestimmten kritischen Konzentrationsgrades, von einer Gefährdung des Wettbewerbs ausgehen können.

Läßt der Wettbewerbstest Beschränkungen der Wettbewerbsfreiheit vermuten, hat die staatliche Wettbewerbs-(schutz-)politik einzugreifen.

Gesetzliche Grundlagen der Wettbewerbspolitik in der Bundesrepublik Deutschland bilden insbesondere das Gesetz gegen den unlauteren Wettbewerb (UWG, bereits seit 1909, aber mit etlichen Novellierungen), und das Gesetz gegen Wettbewerbsbeschränkungen (GWB von 1957, mit Novellierungen). Im Zentrum steht das GWB, das Regelungen bezüglich kollektiven Marktverhaltens, Bindungen, Zusammenschlüssen und Behinderungspraktiken enthält. Spezifische Träger der Wettbewerbspolitik sind die Kartellbehörden (Bundesminister für Wirtschaft, Bundeskartellamt und Landeskartellbehörden).

Nach dem GWB ist kollektives Marktverhalten grundsätzlich verboten (*»Kartellverbot«*), soweit es den Wettbewerb beschränkt. Als mutmaßlich wettbewerbsbeschränkend sind ebenfalls Bindungen bestimmter Art zwischen Unternehmen untersagt, z. B. die Preisbindung der zweiten Hand, mit welcher der Produzent den Verkaufspreis der Händler festlegt. Zusammenschlüsse von Unternehmen sind nach dem GWB den Kartellbehörden anzuzeigen bzw. anzumelden und werden untersagt, wenn dadurch eine marktbeherrschende Stellung entsteht oder verstärkt wird.

4. Die Stabilitätspolitik

Stabilitätspolitik ist die am Ziel der Konjunkturstabilität ausgerichtete Wirtschaftspolitik und umfaßt die Zwischenziele der Preisniveaustabilität, der Vollbeschäftigung und der ausgeglichenen Zahlungsbilanz. Mit dem Gesetz zur Förderung der Stabilität und des Wachstums der Wirtschaft von 1967 wurde der Stabilitätspolitik ein besonderer Rang zugewiesen. Die Instrumente der Stabilitätspolitik lassen sich in drei großen Gruppen beschreiben:

— Geldpolitik
— Fiskalpolitik und
— Politik der direkten Eingriffe

Da wir den Geldsektor in einem eigenen Kapitel (V) behandeln werden und direkte Eingriffe als Mittel der Wirtschaftspolitik nicht marktkonform und wie dargestellt in der Marktwirtschaft nur in Ausnahmefällen einzusetzen sind, können wir uns im folgenden auf eine kurze Beschreibung der Fiskalpolitik beschränken. Theoretische Grundlage der Fiskalpolitik bildet die Keynesianische Theorie. Im Zentrum der Fiskalpolitik stehen die öffentlichen Haushalte. Träger der Fiskalpolitik sind deshalb Bund, Länder und Gemeinden, wobei der Bund jedoch die herausragende Rolle spielt. In der makroökonomischen (Kreislauf-)Betrachtung (Kapitel III) wurde die Bedeutung der effektiven Nachfrage für die Höhe des Volkseinkommens deutlich. Bestandteil der effektiven Nachfrage ist neben der Konsumnachfrage der privaten Haushalte und der Investitionsnachfrage der Unternehmer die Staatsnachfrage.

Der Staatsnachfrage (G) als Summe der realen staatlichen Ausgaben für Konsum- und Investitionsgüter in einem bestimmten Zeitraum müssen staatliche Einnahmen gegenüberstehen, die wir uns in dieser güterwirtschaftlichen Betrachtung ebenfalls als reale Größe, rechenbar in Gütermengen mit konstantgehaltenen Preisen, vorzustellen haben. Die Staatseinnahmen bestehen aus Steuereinnahmen (T) und Kreditaufnahmen (D). Wir benutzen zur Darstellung der Zusammenhänge wieder die Gleichungsschreibweise.

Wie oben gesagt ist:

$$G = T + D$$

Die Staatsausgaben G können durch Steuern T und Kredite D finanziert werden.

Ein Haushaltsdefizit bedeutet, daß $D = G - T$, d. h. es ist Kredit aufzunehmen in Höhe des Defizits.

Grundsätzlich muß die Gleichgewichtsbedingung $I = S$ weiter gelten. Wie sich jetzt aber zeigt, haben wir bei einem Haushaltsdefizit des Staates jedoch seine Kreditnachfrage auf dem Kapitalmarkt zu berücksichtigen, denn:

$$S = I + (G - T)$$

d. h. die Spartätigkeit (Nichtkonsum von Gütern) muß für Investitionen und staatliches Haushaltsdefizit ausreichen.

Da formelmäßige Ableitungen zu kompliziert würden, beschränken wir uns im weiteren auf eine verbale Beschreibung der Wirkungen der Fiskalpolitik.

Fiskalpolitik besteht in einer Variation der staatlichen Ausgaben und Einnahmen. Eine Lücke der effektiven Nachfrage (vgl. Kapitel III) läßt sich durch eine Erhöhung der Staatsausgaben schließen. Solange die Beziehung gilt:

$$I + G > S + T$$

also private Investitions- und Staatsnachfrage größer als der Nachfrageausfall durch Sparen und direkte Steuern sind, läuft ein Multiplikatorprozeß (vgl. Kapitel III) ab, der bei einem höheren (gleichgewichtigen) Volkseinkommen endet. Bei »richtiger« Stabilitätspolitik sollte so das Vollbeschäftigungseinkommen erreichbar sein.

Zur expansiven Wirkung der Erhöhung der Staatsausgaben kommt es nicht nur, wenn die zusätzlichen Ausgaben durch ein kreditfinanziertes Haushaltsdefizit gedeckt sind. Auch bei Steuerfinanzierung ergibt sich ein (allerdings etwas geringerer) expansiver Multiplikatoreffekt auf das Volkseinkommen.

Es sei hier nur kurz erwähnt, daß in einem föderativen Staat wie Deutschland eine Erhöhung der Staatsausgaben im allgemeinen die Bund-, Länder- und Gemeindeebene betrifft. Den Gemeinden kommt insofern eine besonders wichtige Rolle zu, als auf dieser Ebene ein Großteil der staatlichen Investitionen getätigt werden.

Probleme ergeben sich für die Stabilitätspolitik, wenn es — aus Mangel an schnellen Informationen über die Wirkungen — zu einem Überschießen der effektiven Nachfrage über das gesamtwirtschaftlich mögliche Angebot bei Vollbeschäftigung kommt, wenn die Stabilitätspolitik also eine inflatorische Lücke (vgl. Kapitel III) verursacht.

Ist Vollbeschäftigung erreicht, kann (definitionsgemäß) weder eine kredit- noch eine steuerfinanzierte Erhöhung der Staatsausgaben eine *reale* Wirkung auf das Volkseinkommen haben. Weil die (durch den Staat) zunehmende Güternachfrage auf ein konstantes Güterangebot trifft, erhöht sich nur das Preisniveau, gleichzeitig steigt der Zins. Beide Effekte hängen mit dem Geldmarkt zusammen, so daß sie erst im (nächsten) Kapitel V über die Rolle des Geldes näher zu erläutern sind.

Bei einer Kreditfinanzierung der zusätzlichen Staatsnachfrage wird durch den höheren Zins (bei Vollbeschäftigung) im gleichen Ausmaß private Investitionsnachfrage verdrängt. Bei Steuerfinanzierung geht die höhere Staatsnachfrage sowohl zu Lasten der privaten Investition als auch des privaten Konsums, da die Steuererhebung das verfügbare Einkommen der Haushalte verringert.

5. Die Sozialpolitik

Sozialpolitik im umfassenden Sinn ist Gesellschaftspolitik mit dem Ziel, benachteiligten Gruppen in der Gesellschaft ein menschenwürdiges Dasein zu ermöglichen. In der Konzeption der *»Sozialen Marktwirtschaft«* wird die soziale Komponente vor allem gesehen in der Schaffung *»sozialer Sicherheit und Gerechtigkeit durch Korrektur der Einkommens- und Vermögensverteilung«.* Die ökonomische Theorie der Sozialpolitik reduziert Sozialpolitik auf eine Politik der Einkommensverteilung. In diesem engen Sinn läßt sich Sozialpolitik, einschließlich der Politik der Einkommenssicherung, als ein Gebiet der Volkswirtschaftslehre bezeichnen, während die weitergehenden Aspekte der Sozialpolitik vor allem zum Sozial- und Arbeitsrecht und zum praxisorientierten Gebiet der Sozialarbeit gehören.

Zum Teil wird auch die Arbeitsmarktpolitik der Sozialpolitik zugeordnet. Dies ist in bezug auf die Durchsetzung von Mindest-Arbeitsbedingungen gerechtfertigt, wenn die Sozialpolitik eine Schutzfunktion (z. B. Mutter-, Unfall-, Kündigungsschutz, Arbeitszeitregelungen) für bestimmte Gruppen auf dem Arbeitsmarkt übernimmt. Wegen der stark juristischen Aspekte werden wir uns hier nicht weiter damit beschäftigen.

Arbeitsmarktpolitik, die die Funktionsfähigkeit des Arbeitsmarkts mit dem Ziel der Vollbeschäftigung aller Arbeitsuchenden verbessern soll, stellt wegen einer Reihe spezifischer Instrumente (Arbeitsvermittlung, Berufsberatung, Förderung der Aus- und Weiterbildung, Umschulung und weitere Instrumente des Arbeitsförderungsgesetzes von 1969) und eines speziellen

Trägers der Politik (Arbeitsämter, Bundesanstalt für Arbeit) in der Bundesrepublik Deutschland praktisch einen eigenen Politikbereich dar, beschränkt sich in der Realität aber überwiegend auf eine Politik der Anpassung der Arbeitskräftestruktur an die Nachfrage. Das Ziel, die Vollbeschäftigung, gehört ganz allgemein zu den Zielen der oben besprochenen Stabilitätspolitik.

Wesentlicher Teil der staatlichen Sozialpolitik im engeren Sinn sind Maßnahmen im Rahmen des Systems der sozialen Sicherung, deren Zweck die Sicherung der sozialen und wirtschaftlichen Existenz aller Bevölkerungsgruppen gegen allgemeine Lebensrisiken ist (z. B. Unfall, Krankheit, Invalidität, Alter, Arbeitslosigkeit). Zu den Versicherungs-, Versorgungs-, Fürsorge- und Entschädigungseinrichtungen der sozialen Sicherung zählen die Bereiche der Sozialversicherung, Beamtenversorgung, Arbeitslosenversicherung, Kriegsopferversorgung, Sozialhilfe, Kindergeld, Jugendhilfe, Wohngeld, Hilfsmaßnahmen für Flüchtlinge.

Sozialpolitik als Politik der Einkommensverteilung stellt sich die Aufgabe, die aus der Produktion resultierende primäre Einkommensverteilung durch ein System von Transferleistungen (Sozialleistungen) und Subventionen in Verbindung mit der zur Finanzierung notwendigen Besteuerung interpersonell so zu korrigieren, daß die unteren Einkommensklassen und die Einkommenslosen einen größeren gerechten und menschenwürdigen Anteil an der Güterproduktion erlangen können. Die interpersonellen Einkommensübertragungen müssen allerdings in der Marktwirtschaft so vorgenommen werden, daß Leistungsanreize hoher Einkommen nicht verschwinden und nur den tatsächlich Bedürftigen geholfen wird. Um die freie Konsumwahl der Empfänger von Einkommenstransfers nicht zu behindern, sollten vor allem Geldleistungen zur Verfügung gestellt werden.

Soziale Korrekturen der Einkommensverteilung durch eine Umverteilungspolitik erfolgen über den Staatshaushalt und durch staatliche Eingriffe in das Vorsorgesystem. Eine progressive Einkommensbesteuerung nivelliert die Einkommen, und durch steuerfinanzierte Einkommenstransfers an die Einkommenslosen oder die Bezieher niedriger Einkommen wird die primäre Einkommensverteilung weiter ausgeglichen. In der Bundesrepublik Deutschland ergibt sich die sekundäre Einkommensverteilung durch eine Vielzahl von direkten und indirekten Maßnahmen der Umverteilung, daß hier bei weitem nicht alle Transfers aufgezählt werden können. Zu den direkten Transfers gehören z. B. Arbeitslosen- und Kurzarbeitergeld, Arbeitslosenhilfe, die Geldleistungen der Rentenversicherung und der Kranken- und Unfallversicherung, soweit sie die Eigenbeiträge des Empfängers der sozialen Leistungen überschreiten, Sozialhilfe, Kindergeld, Ausbildungsbeihilfen, Wohngeld.

Zu den direkten Transfers kommen eine Vielzahl sozialpolitisch begründeter indirekter und impliziter Vergünstigungen im Rahmen der Sozialversicherung, im Steuersystem und bei bestimmten Preisen (in Form von Entlastungen und Subventionen), über deren Ausmaß kaum Schätzungen möglich sind. Mangelnde Transparenz und Abstimmung der verschiedenen Sozialleistungen untereinander führen zur Überversorgung einiger Personen und Gruppen, zu Versorgungslücken bei anderen Personen und Gruppen der Gesellschaft. Das gesamte Ausmaß der durch Sozialtransfers und implizite Transfers im Steuersystem bewirkten Veränderungen der primären Einkommensverteilung ist insgesamt nicht festzustellen, es sind nur Beispielsrechnungen möglich.

Die primäre Einkommensverteilung auf die Mitglieder der Gesellschaft, die sich aus dem Eigentum an den Produktionsfaktoren Arbeit, Kapital und Boden (und deren Einsatz im Produktionsprozeß) ergibt, läßt sich nur durch eine Änderung dieses Eigentums ausgleichen, indem insbesondere eine Dekonzentration des Produktivkapitals versucht wird. Die Vermögenspolitik zur breiteren Streuung des Produktivvermögens ist in der Bundesrepublik Deutschland über Maßnahmen der Sparförderung noch kaum hinausgekommen. Wie der (in Kapitel III) beschriebene Kreislaufzusammenhang zeigt, ist das Sparen (der Nicht-Konsum) der Nichtunternehmer, also der abhängig Beschäftigten, der entscheidende Ansatzpunkt, der zur Beteiligung an den

Kapitalzuwächsen (durch Investitionen) führt. Allerdings muß sichergestellt sein, daß das Sparen zu Investitionen und nicht zu einem Nachfrageausfall führt. Verschiedene Modelle, vom sogenannten Investivlohn bis zur investiven Gewinnbeteiligung der Arbeitnehmer, versuchten Lösungen dieses Problems zu zeigen, ohne daß sich in der Praxis ein Konzept der Vermögenspolitik durchsetzen konnte.

6. Die staatlichen Aufgaben bei der Güterversorgung

Sofern durch den Marktmechanismus bestimmte Güterarten, die öffentlichen Güter, nicht zur Verfügung gestellt werden (können), muß der Staat für ihre Produktion und ihr Angebot sorgen. Öffentliche Güter werden, meist in Verbindung mit anderen Produktionsfaktoren durch die Infrastruktur (= das Infrastruktursachkapital) — als Infrastrukturleistungen — produziert. Folgende Bereiche werden zur Infrastruktur gezählt:

— Verkehr
— Energie
— Ausbildung
— Forschung
— Gesundheitswesen

— Wasserbau und Wasserwirtschaft
— Anlagen für Kultur, Erholung, Sport
— öffentliche Verwaltung

Die Leistungen der Infrastruktur (output = öffentliche Güter) sind entweder Zwischenprodukte für die Herstellung von Gütern und Dienstleistungen, Endprodukte oder immaterielle Investitionsgüter (Ausbildung, Forschung, Gesundheit). Ein Teil der Infrastrukturleistungen wird nur von Unternehmen in Anspruch genommen (Infrastruktur—Produktivkapital), ein Teil nur von privaten Haushalten (Infrastruktur—Konsumtivkapital). Bei vielen von Unternehmen und Haushalten gleichzeitig nachgefragten öffentlichen Gütern läßt sich zwischen Infrastrukturproduktiv- und -konsumtivkapital kaum trennen.

Öffentliche Güter können nicht auf Märkten gehandelt werden, weil sie bestimmte produktions- und angebotsspezifische Merkmale sowie typische verbrauchs- und nachfragespezifische

Merkmale haben. Es ist klar, daß alle Merkmale des öffentlichen Gutes in der Realität kaum von einem Gut erfüllt werden, damit ist der Übergang zwischen öffentlichen und privaten Gütern fließend. Folgende Beispiele zeigen die Unschärfe der Definition.

Für die Benutzung eines Parks gibt es im Prinzip keine Kapazitätsgrenzen, bei einem Besuch durch sehr viele Menschen beeinträchtigt man jedoch wechselseitig den Genuß. Im allgemeinen wird niemand von der Benutzung des Parks ausgeschlossen, der Ausschluß wäre jedoch (durch Umzäunung) prinzipiell möglich.

Zur Straßenbenutzung ist jeder aus technischen Gründen gezwungen, von der Benutzung bestimmter Straßen kann man allerdings ausgeschlossen werden (Autobahnmautstellen). Ab einer bestimmten Zahl von Verkehrsteilnehmern entstehen durch jeden neu hinzukommenden höhere Kosten (durch Behinderung, wenn Stau auftritt).

Die mit obigen Beispielen veranschaulichte Schwierigkeit, öffentliche Güter zu bestimmen, die grundsätzlich nur vom Staat bereitgestellt werden können, schlägt sich in der Wirtschaftspolitik in der Privatisierungsdiskussion nieder: Bei fast allen Gütern, mit Ausnahme vielleicht der Landesverteidigung, kann man überlegen, ob sie nicht effizienter durch Private produziert und angeboten werden könnten. Oftmals sprechen nur historische und rein praktische Gründe für ein staatliches Angebot. Da ein Großteil der Infrastrukturleistungen als Zwischenprodukte in die private Güterproduktion eingehen, sind die Wirkungen der Infrastruktur für das Wachstum der Privatwirtschaft jedoch so wichtig, daß ein genügendes Angebot immer sichergestellt sein muß. Dieser die Produktivität und das Wachstum der Volkswirtschaft erhöhende Effekt der Infrastruktur, der nicht gefährdet werden darf, ist letztlich der wichtigste Grund dafür, daß Infrastrukturinvestitionen fast ausschließlich in der Verantwortung des Staates, insbesondere auf der Gemeindeebene getätigt werden.

7. Grenzen der Staatstätigkeit und der öffentliche Haushalt

Staatstätigkeit ist begründet aus Marktversagen und Marktmängeln und dient der Verfolgung gesellschafts- und wirtschaftspolitischer Ziele. Aus den Begründungen von Staatstätigkeit und staatlicher Wirtschaftspolitik ergibt sich jedoch noch nicht automatisch ein Anhaltspunkt für den Umfang der Staatstätigkeit und staatlichen Wirtschaftspolitik. Über die Grenzen des Staates in der Wirtschaft wird deshalb — auch in der Bundesrepublik Deutschland — heftig politisch diskutiert. Wir können im folgenden nur einige Argumente zur Versachlichung der Diskussion beitragen. Grenzen des Staates lassen sich auf drei Ebenen der Wirtschaftspolitik diskutieren:

— der ordnungspolitischen Ebene,
— der ablaufpolitischen Ebene,
— der budgetpolitischen Ebene.

a) Ordnungspolitische Grenzen

Die Vertreter des Ordoliberalismus, deren Vorstellungen in der Bundesrepublik Deutschland die Konzeption der sozialen Marktwirtschaft beeinflußten, waren sich über den Zusammenhang von Wirtschaftsordnung und Gesellschaftsordnung klar. Da über den gesellschaftlichen Grundwert der Freiheit prinzipiell Einigkeit besteht, muß eine Wirtschaftsordnung gewählt werden, die diese Freiheit gewährleistet. Zur formalen Freiheit, der staatlich garantierten Gleichheit vor dem Gesetz, muß die materielle Freiheit der einzelnen kommen. Diese Freiheit, die Handlungs- und Wahlfreiheit, d. h. die Freiheit, in eigener Verantwortung Einzelentscheidungen durchzusetzen, setzte nach Ansicht der *»Väter der sozialen Marktwirtschaft«* die Einführung einer Marktwirtschaft voraus. Der Zusammenhang von Marktwirtschaft und freiheitlicher Gesellschaftsordnung ist inzwischen allgemein akzeptiert. Daraus ergeben sich Konsequenzen für die Rolle des Staates in der Wirtschaft und den Umfang der Staatstätigkeit. Ein mächtiger Staat kann nur hinsichtlich der Setzung des Ordnungsrahmens erwünscht sein.

Der Staat hat die Wettbewerbsordnung zu garantieren. Alle weiteren Aktivitäten des Staates haben sich der Diskussion über Marktkonformität und Wettbewerbskonformität zu stellen, d. h. es ist zu fragen, ob sie nicht den Markt-(preis-)mechanismus stören, (die Marktpreisstruktur verzerren) oder Wettbewerbsprinzipien vernachlässigen oder aufheben.

b) Ablaufpolitische Grenzen

Aus ordnungspolitischen Gründen noch immer nicht allgemein akzeptiert sind Aufgaben des Staates in der Prozeßpolitik. Tatsächlich interveniert der Staat allerdings in vielen Bereichen der Wirtschaft mit einer Vielzahl wirtschaftspolitischer Instrumente. Staatliche Wirtschaftspolitik sollte jedoch dort ihre Grenzen haben, wo die Wirkungen wirtschaftspolitischer Maßnahmen erkennbar wirtschaftspolitischen und/oder gesellschaftspolitischen Zielen zuwider laufen. Gelingt es zum Beispiel durch staatliche Globalsteuerung nicht, Vollbeschäftigung zu erreichen, ohne mit den anderen Stabilitätszielen Preisniveaustabilität und außenwirtschaftliches Gleichgewicht wesentlich in Konflikt zu geraten, so wird man von Grenzen der staatlichen Prozeß-(Ablauf-)politik ausgehen müssen. Ob sich diese Grenzen dann allein auf die staatliche Fiskalpolitik beziehen und eventuell mit anderen Instrumenten das Vollbeschäftigungsziel angestrebt werden könnte, muß offenbleiben: Es scheint jedoch, daß in bestimmten wirtschaftlichen Situationen staatliche Prozeßsteuerung generell Grenzen hat.

c) Budgetpolitische Grenzen

Die Staatsausgaben und Staatseinnahmen finden ihren Niederschlag im staatlichen Budget (Haushaltsplan, Etat). Ein solcher Haushaltsplan ist im buchhalterischen Sinn stets ausgeglichen (formaler Ausgleich), denn auch der Staat kann nur Zahlungsausgänge in der Höhe tätigen, in der er Zahlungseingänge verbuchen konnte. Wenn die Forderung nach einem ausgeglichenen Haushalt gestellt wird, so ist damit ein materieller Ausgleich gemeint, der auf die Art der Finanzierung der öffentlichen Ausgaben abstellt. Soweit staatliche Ausgaben mit Krediten finanziert werden, spricht man von einem Haushaltsdefizit.

Budgetpolitische Grenzen der Staatstätigkeit können nun in der Tatsache bestehen, daß das Defizit der öffentlichen Haushalte bestimmte Grenzen nicht überschreiten darf: Man spricht von Grenzen der Staatsverschuldung.

Zunächst ist jedoch festzuhalten: Eine Überschuldung wie bei privaten Wirtschaftseinheiten, die zum Konkurs führen kann, ist beim Staat nicht möglich. Der Staat kann im Extremfall höchstens zahlungsunfähig in dem Sinne werden, daß er die Zinszahlungen für die Kreditaufnahme (staatlicher Schuldendienst) nicht mehr leisten kann. Allerdings bleibt dann immer noch die Möglichkeit, die Rückzahlung über die Besteuerung zu finanzieren.

Von Grenzen der Staatsverschuldung kann man dennoch sprechen:

a) Grenzen der staatlichen Kreditaufnahme sind zum einen dort erreicht, wo private Investitionstätigkeit (über Zinssteigerungen) in unerwünschtem Ausmaß reduziert wird. Zum anderen darf die mit der Kreditaufnahme verbundene Erhöhung der Staatsnachfrage nicht zu einer inflatorischen Lücke (vgl. Kapitel III) führen, die die Stabilität des Preisniveaus gefährdet.

b) Güterwirtschaftlich betrachtet ist die Finanzierung des Schuldendienstes letztlich nur durch Besteuerung möglich — wie die Kreislaufbetrachtung (Kapitel III) gezeigt hat —, Steuern sind immer aus dem in einer Volkswirtschaft erwirtschafteten Sozialprodukt zu zahlen. Ein bestimmtes Verhältnis von Staatsschuld zu Sozialprodukt kann dennoch nicht zur Grenzziehung für die Staatsverschuldung dienen. Der Schuldendienst für die staatliche Kreditaufnahme erfolgt immer aus zukünftigen Steuereinnahmen. Die Steuereinnahmen der Zukunft können sich jedoch gerade durch aus der Kreditaufnahme finanzierte staatliche Investitionen so erhöhen, daß die Mehreinnahmen die Ausgaben für Tilgung und Verzinsung eventuell sogar übersteigen.

Grenzen der Staatsverschuldung ergeben sich allerdings in etwas anderer Weise aus dem in späteren Jahren erforderlichen

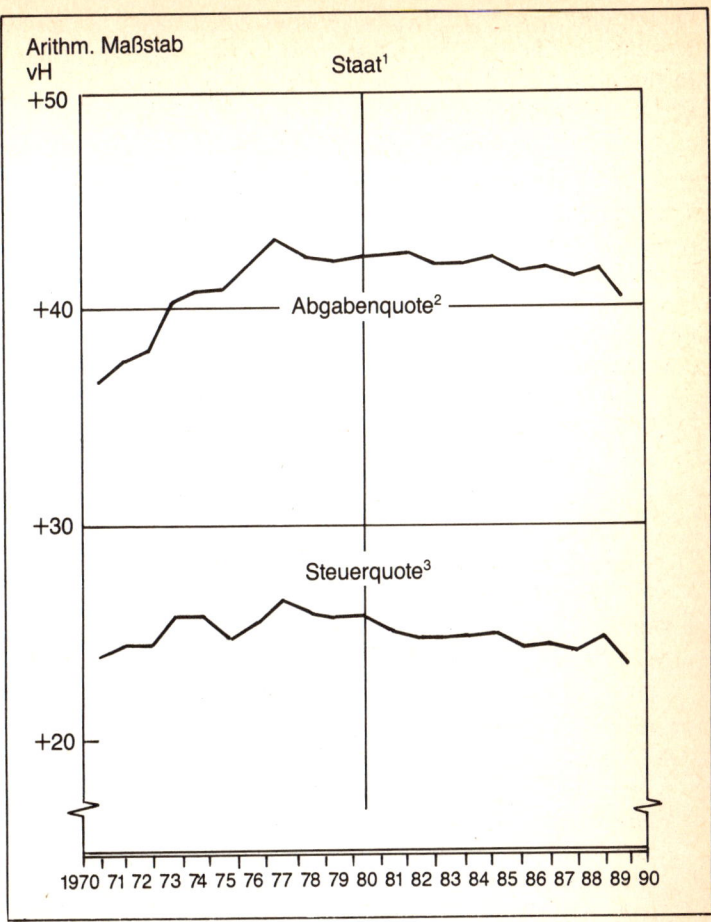

Abbildung 17

1 Gebietskörperschaften und Sozialversicherung in der Abgrenzung der volkswirtschaftlichen Gesamtrechnungen
2 Steuereinnahmen und tatsächliche Sozialbeiträge zur Sozialversicherung in Relation zum Bruttosozialprodukt in jeweiligen Preisen
3 Steuereinnahmen der Gebietskörperschaften in Relation zum Bruttosozialprodukt in jeweiligen Preisen

Schaubild (modifiziert) aus:
Jahresgutachten 1990/91 des Sachverständigenrates zur Begutachtung der gesamtwirtschaftlichen Entwicklung (Schaubild 38)

Schuldendienst. Da ein großer Teil der zukünftigen Staatsausgaben in irgendeiner Weise, meist sogar durch gesetzliche Verpflichtungen, festgelegt ist, bleibt nur ein kleiner Teil der zukünftigen Steuereinnahmen zur Finanzierung der Zinsen für neue öffentliche Kredite frei disponibel. Diese Grenze kann nur durch eine Erhöhung der Steuerbelastung der Bevölkerung hinausgeschoben werden.

Insofern liegen die budgetpolitischen Grenzen der Staatstätigkeit letzten Ende bei der noch als erträglich angesehenen Steuerbelastung der Bevölkerung.

V. Die Rolle des Geldes in der Wirtschaft

1. Geldfunktionen und Definition des Geldes

Eine Marktwirtschaft erfordert die Koordination und Steuerung der wirtschaftlichen Entscheidungen einer Vielzahl von Wirtschaftseinheiten. Jede dieser Wirtschaftseinheiten hat sich auf bestimmte Tätigkeiten, die Produktion bestimmter Sachgüter oder Dienste spezialisiert (Arbeitsteilung). Zu einer solchen arbeitsteiligen Wirtschaft gehört als notwendiges Element des Wirtschaftsprozesses der Tausch.

Eine entwickelte Tauschwirtschaft kann nur als Geldwirtschaft bestehen: Die wichtigste Funktion des Geldes ist die *Tauschfunktion.* Nur durch das Geld als allgemein akzeptiertem Tauschmittel ist es möglich, Güter zu »kaufen« und zu »verkaufen«, ohne daß Käufer und Verkäufer dabei Sachgüter oder Dienste erhalten, die sie gar nicht verwenden können. Der Käufer gibt, der Verkäufer erhält Geld als universelles Tausch- (= Zahlungs-)mittel.

Neben der Tauschmittelfunktion übernimmt Geld als allgemein anerkanntes, weil gesetzliches Zahlungsmittel üblicherweise auch die Rolle der Recheneinheit: In der BRD sind alle Preise in DM angegeben. Statt den Wert eines Gutes jeweils einzeln in Einheiten jedes anderen Gutes angeben zu müssen, genügt jetzt die Angabe des Austauschverhältnisses zum Geld, die Angabe des Güterwertes in Einheiten des Universalgutes Geld, d. h. die Information über den Preis in DM. Die Informations- und Tauschkosten werden durch die Verwendung einer Recheneinheit sehr viel geringer, so daß Märkte überhaupt möglich werden.

Als gesetzliches und allgemein akzeptiertes Zahlungsmittel eignet sich Geld selbstverständlich auch zur Wertaufbewahrung. In entwickelten Volkswirtschaften ist die *Wertaufbe-*

wahrungsfunktion des Geldes allerdings nicht so wichtig, da es viele andere Formen der Vermögensanlage gibt.

Entsprechend den genannten Geldfunktionen bezeichnet man heute als Geld (Definition):

— Banknoten ⎱ = Bargeld = gesetzliche Zahlungsmittel
— Münzen ⎰ (Münzen nur bis zu einem bestimmten Betrag)
— Sichtguthaben bei Banken = Buchgeld = Giralgeld

Dabei handelt es sich in *allen* Fällen um Kreditgeld: Auch bei unserem Bargeld ist im Unterschied zu Warengeld (z. B. den Goldmünzen) früherer Jahrhunderte der Wert als Zahlungsmittel (meist sehr viel) höher als der stoffliche Eigenwert (z. B. des Papierscheins).

Buch- oder Giralgeld (Sichtguthaben) als die inzwischen häufigste Erscheinungsform des Geldes sind (nicht verbriefte) Forderungen an die Zentralbank und an die Geschäftsbanken einer Volkswirtschaft, die zu jeder Zeit von ihrem Besitzer in gesetzliche Zahlungsmittel umgetauscht werden können. Banknoten und Münzen sind deshalb gesetzliche Zahlungsmittel, weil sie von jedermann zur Tilgung von Verbindlichkeiten angenommen werden müssen, Banknoten in unbeschränkter Höhe, auf DM lautende Münzen bis zum Betrag von DM 20,—, auf Pfennig lautende Münzen bis zum Betrag von DM 5,—. Ein Scheck stellt selbst kein Zahlungsmittel dar, er ist lediglich eine Anweisung an die Bank, aus einem Sichtguthaben einen Betrag an andere Wirtschaftseinheiten zu übertragen. Täglich fällige Einlagen (Sichtguthaben) bei Banken erfüllen auf jeden Fall die Gelddefinition. Wie steht es um die Geldeigenschaft von Spar- und Termineinlagen? Sie sind zwar Forderungen der Nichtbanken an Geschäftsbanken, können jedoch nicht jederzeit und sofort in gesetzliche Zahlungsmittel eingetauscht werden. Da sie deshalb nicht die Zahlungsmittelfunktion erfüllen, stellen sie nicht Geld im engeren Sinne dar, es handelt sich bei ihnen um geldnahe Forderungen.

Für makroökonomische Betrachtungen des Wirtschaftskreislaufs einer Geldwirtschaft brauchen wir den Begriff der *Geld-*

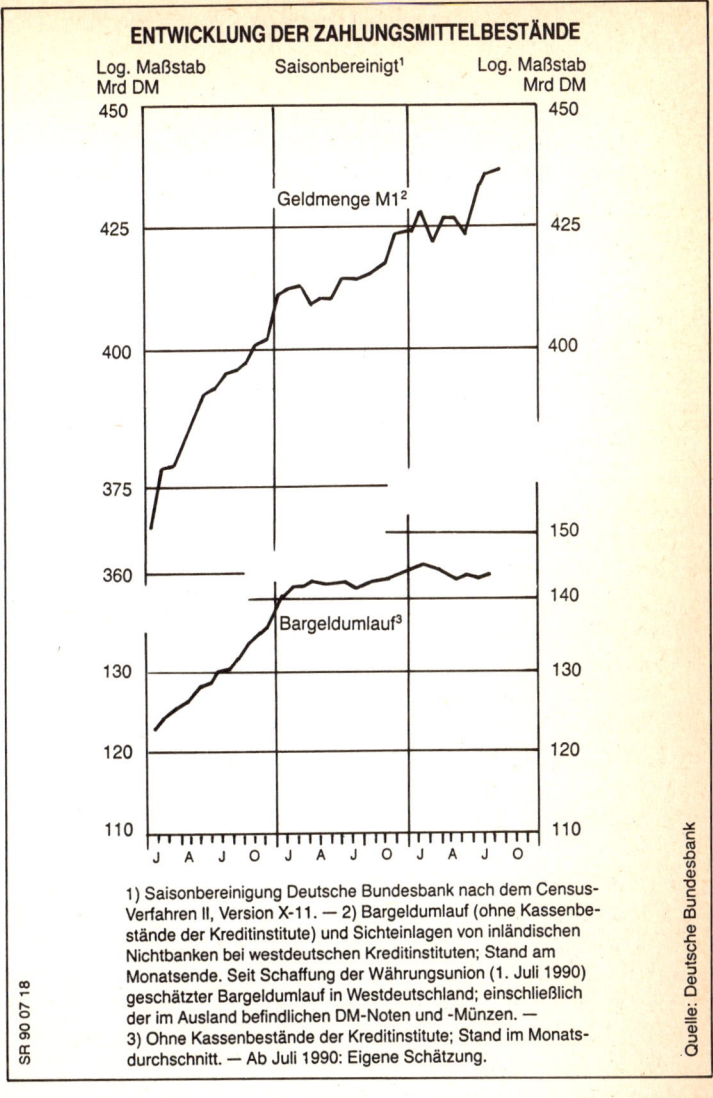

ENTWICKLUNG DER ZAHLUNGSMITTELBESTÄNDE

Log. Maßstab
Mrd DM

Saisonbereinigt[1]

Log. Maßstab
Mrd DM

Geldmenge M1[2]

Bargeldumlauf[3]

SR 90 07 18

Quelle: Deutsche Bundesbank

1) Saisonbereinigung Deutsche Bundesbank nach dem Census-Verfahren II, Version X-11. — 2) Bargeldumlauf (ohne Kassenbestände der Kreditinstitute) und Sichteinlagen von inländischen Nichtbanken bei westdeutschen Kreditinstituten; Stand am Monatsende. Seit Schaffung der Währungsunion (1. Juli 1990) geschätzter Bargeldumlauf in Westdeutschland; einschließlich der im Ausland befindlichen DM-Noten und -Münzen. — 3) Ohne Kassenbestände der Kreditinstitute; Stand im Monatsdurchschnitt. — Ab Juli 1990: Eigene Schätzung.

Abbildung 18

Schaubild aus:
Jahresgutachten 1990/91 des Sachverständigenrates zur Begutachtung der gesamtwirtschaftlichen Entwicklung (Schaubild 30)

menge. Die Geldmenge (das Geldvolumen) einer Volkswirtschaft i.e.S. ist entsprechend obigem Geldbegriff definiert als der a) im Nichtbankensektor befindliche Gesamtbestand an Noten und Münzen (Bargeldumlauf) und b) der im Nichtbankensektor befindliche Gesamtbestand an Sichteinlagen. In der Terminologie der Deutschen Bundesbank wird diese Geldmenge i.e.S. als M_1 bezeichnet. Es ist zu beachten, daß M_1 nur die Geldbestände der Nichtbanken enthält, also nicht die Bargeldbestände der Geschäftsbanken und die Sichtguthaben der Geschäftsbanken bei der Deutschen Bundesbank. In M_1 berücksichtigt die Bundesbank ebenfalls nicht die Zentralbanksichteinlagen der öffentlichen Hand. Die Begründung liegt in deren Rolle als Instrument der staatlichen Fiskalpolitik und in dem Zusammenhang zwischen Güter- und Geldkreislauf, wie im Abschnitt 5 dieses Kapitels zu zeigen sein wird.

Als Geldmenge M_2 weist die Deutsche Bundesbank M_1 zuzüglich der Termineinlagen (von Nichtbanken bei Geschäftsbanken) mit einer Befristung bis unter vier Jahren aus. Für diese Geldmenge ist bereits die Wertaufbewahrungsfunktion des Geldes sehr viel wichtiger als die Tauschmittelfunktion. Insbesondere gilt dies dann für die Geldmenge M_3, die sich als Summe von M_2 und den Spareinlagen mit gesetzlicher Kündigungsfrist ergibt.

2. Geldschöpfung und das Angebot an Geld

Mit der Definition der Geldmenge ist noch nicht gesagt, wie es zu Erhöhungen oder Verminderungen der Geldmenge kommt, allerdings sollte schon deutlich geworden sein, daß es bei Veränderungen der Geldmenge immer um Transaktionen von Nichtbanken mit der Zentralbank und/oder den Geschäftsbanken geht. Die dabei stattfindenden Vorgänge werden *Geldschöpfung* und *Geldvernichtung* genannt.

Durch Geldschöpfung kommt Geld in Umlauf, gelangt es in den Wirtschaftskreislauf, durch Geldvernichtung wird es dem Wirtschaftskreislauf entzogen.

Fragen wir zunächst, wie Zentralbankgeld (Banknoten und Giralgeld bei der Zentralbank) entsteht. Zur Beantwortung genügen einige Beispiele:

— Die Zentralbank kauft ein Gebäude von einem Unternehmen und zahlt mit Sichtforderungen auf sich selbst.

— Die Zentralbank erwirbt von einer Geschäftsbank Devisen (ausländische Zahlungsmittel) und zahlt mit Sichtforderungen bei sich selbst.

— Die Zentralbank gewährt einer Großunternehmung einen Kredit und bezahlt durch Gutschrift (Sichtguthaben) auf dem Zentralbankkonto der Unternehmung.

Fazit: Die Geldschöpfung der Zentralbank besteht darin, daß die Zentralbank Vermögensteile von anderen Wirtschaftseinheiten erwirbt oder Kredite gewährt und mit Zentralbankgeld (Banknoten oder Sichtguthaben bei der Zentralbank) zahlt.

Geldvernichtung der Zentralbank geschieht umgekehrt, indem die Zentralbank Vermögensteile (z. B. auch Devisen) an andere Wirtschaftseinheiten gegen Zentralbankgeld verkauft oder Kredite bei ihr zurückverlangt. Durch Kreditgewährung der Zentralbank geschaffenes Zentralbankgeld wird bei Kreditrückzahlung automatisch wieder vernichtet, bei Käufen und Verkäufen von Vermögensteilen besteht dieser Automatismus natürlich nicht.

Geldschöpfung und Geldvernichtung von Zentralbankgeld erfordern immer eine aktive Beteiligung der Zentralbank. Wenn die Zentralbank keine Transaktionen vornimmt — solange sie dazu nicht verpflichtet ist —, kann kein Zentralbankgeld entstehen oder vernichtet werden. Der Druck neuer Banknoten stellt noch keine Geldschöpfung dar, solange sie von der Zentralbank nicht in Umlauf gebracht werden.

Geld im engeren Sinn besteht nicht nur aus Zentralbankgeld, sondern auch aus Sichtguthaben bei Geschäftsbanken (Mischgeld). Wie wird dieses Geld geschaffen oder vernichtet? Die Antwort ergibt sich aus der Beschreibung der passiven und aktiven Giral-(Buch-)geldschöpfung und -vernichtung der Geschäftsbanken.

Passiv wird Giralgeld geschaffen, wenn eine Wirtschaftseinheit z. B. Banknoten gegen Sichtguthaben bei der Geschäftsbank eintauscht, umgekehrt wird Giralgeld vernichtet. Alle Zu- und Abgänge auf Sichtguthaben (durch Überweisungen, Umbuchungen vom oder zum Sparguthaben u. ä.) gehören ebenfalls in diese Kategorie der passiven Giralgeldschöpfung oder -vernichtung, die nur die Zusammensetzung der Geldmenge im weiteren Sinn ändert.

Die Giralgeldmenge erhöht oder verringert sich auch durch aktive Giralgeldschöpfung oder -vernichtung. Hier wären die gleichen Beispiele für Transaktionen zu nennen, die oben bei der Zentralbank beschrieben wurden, nur geschehen sie bei den Geschäftsbanken und verändern deshalb nicht die Zentralbankgeldmenge, sondern die Geschäftsbankengiralgeldmenge. Der wichtigste Fall der aktiven Giralgeldschöpfung ist die Gewährung von Kundenkrediten durch die Geschäftsbank. Dieser Fall zeigt gleichzeitig, daß zusätzliches Giralgeld aktiv nur durch Entscheidungen der Geschäftsbanken entstehen kann, wenn sich gleichzeitig die Geldmenge im weiteren Sinn erhöhen soll.

Nach der Beschreibung der Geldschöpfung ergibt sich die Frage nach den Grenzen der Geldschöpfung in einer Volkswirtschaft. Geldschöpfung und Kreditschöpfung in einer Volkswirtschaft hängen eng zusammen. Es ist im folgenden zu zeigen, daß das Kreditschöpfungspotential der Geschäftsbanken letzten Endes das Geldschöpfungspotential begrenzt. Gleichzeitig müssen die Faktoren diskutiert werden, die die Ausschöpfung des Kreditschöpfungspotentials der Geschäftsbanken, also ihr Kreditangebot, bestimmen. Daraus läßt sich dann ableiten, wovon das Geldangebot abhängt.

Um die Frage nach den Grenzen der Geldschöpfung vollständig beantworten zu können, ist zunächst auf das *Geldschöpfungspotential der Zentralbank* einzugehen. Die Zentralbank zahlt mit Geld, das sie selbst schafft, indem sie mit Forderungen an sich selbst (= *Verbindlichkeiten der Zentralbank*) zahlt. Für diese Verbindlichkeiten der Zentralbank gibt es keine gesetzliche Umtauschpflicht (z. B. in Gold). Es gibt keine Dekkung der Banknoten und der Sichtguthaben bei der Zentralbank, die DM als Währung der Bundesrepublik Deutschland ist eine reine Papierwährung (Kreditgeld) und könnte deshalb von der Zentralbank unbegrenzt geschaffen werden. Direkte gesetzliche Grenzen existieren nicht, jedoch ergeben sich indirekte Grenzen aus den im Bundesbankgesetz der deutschen Zentralbank gestellten Aufgaben, die Währung zu sichern (§ 3 BBankG) und die allgemeine Wirtschaftspolitik der Bundesregierung bei der Verfolgung der Ziele des Stabilitätsgesetzes (vgl. Kapitel III) zu unterstützen (§ 12 BBankG). Wie später in diesem Kapitel zu zeigen sein wird, hängen die Grenzen v. a. mit dem Ziel der Preis-(niveau-)stabilität zusammen.

Zur Ableitung des *Geldschöpfungspotentials der Geschäftsbanken* muß man sich überlegen, daß eine Geschäftsbank immer in der Lage sein muß, einem Kunden und/oder Kreditnehmer Zentralbankgeld zur Verfügung zu stellen (Liquiditätsproblem). Dieses Zentralbankgeld kann die Geschäftsbank nicht selbst schaffen, also begrenzt ihr Bestand an freiem Zentralbankgeld ihre Möglichkeiten, Kredite zu gewähren (und damit aktiv Giralgeld zu schaffen).

Die Zentralbank stellt den Geschäftsbanken nur begrenzt Zentralbankgeld zur Verfügung, was mit den oben erwähnten indirekten Grenzen der Geldschöpfung durch die Zentralbank (und damit mit der Geld- und allgemeinen Wirtschaftspolitik) zusammenhängt. Die einzige weitere wichtige Quelle von Zentralbankgeld für Geschäftsbanken sind die Kundeneinlagen (auf Sicht-, Termin- oder Sparguthaben). Von diesen Einlagen muß erfahrungsgemäß nur ein kleiner Teil als Reserve gehalten werden, um jederzeit Kundenwünsche nach Auszahlung von Zentralbankgeld erfüllen zu können. Wie wir später im Abschnitt 6 dieses Kapitels sehen werden, wird die Mindestreserve von der Zentralbank festgelegt und stellt ein geldpolitisches Instrument dar. Der übrige Teil der Kundeneinlage gibt als »freies« Zentralbankgeld (die sog. *Überschußreserve*) den Geschäftsbanken die Möglichkeit, Kredite zu gewähren.

Eine einzelne Geschäftsbank könnte z. B., bei einer zurückzuhaltenden Reserve von 20 %, 80 % einer Kundeneinlage wieder als Kredit vergeben. Das Geschäftsbankensystem insgesamt ist jedoch nicht durch dieses »freie« Zentralbankgeld in der Kreditgewährung beschränkt. Durch den Kreditschöpfungs-(= Giralgeldschöpfungs-)multiplikator ist das Bankensystem als Ganzes in der Lage, ein Vielfaches des »freien« Zentralbankgeldes (der sog. *Überschußreserve*) als Kredite zu vergeben. Dieser multiple Kreditschöpfungsprozeß kann hier nur in den Grundzügen an einem Beispiel gezeigt werden; er entspricht im übrigen formal dem in der Makroökonomik abgeleiteten Ausgabenmultiplikator (s. Kapitel III).

Voraussetzung zum Verständnis des Kreditschöpfungsmultiplikators ist, sich vorzustellen, daß der von einer Bank gewährte Kredit letzten Endes wieder bei einer anderen Geschäftsbank eingezahlt wird, die daraus wiederum nur die Mindestreserve zurückhalten muß, die Überschußreserve jedoch als Kredit vergeben kann, usw. Gehen wir im Beispiel davon aus, daß eine Wirtschaftseinheit Devisen verkauft und damit eine Einlage von 1 Mio. bei einer Bank schafft, die davon 20 % als Mindestreserve halten muß. Die Überschußreserve von 800 000 wird als Kredit vergeben und auf eine andere Bank überwiesen. Diese muß wieder 20 % als Mindestreserve halten, die Überschußreserve beträgt 640 000.

Die folgende Tabelle zeigt die Reihe der bei jedem Schritt (= Zeitperiode = weitere Bank) möglichen zusätzlichen Kredite und damit des zusätzlich geschaffenen Giralgeldes.

Zeitperiode Bank	Zusätzliche Kredite	Sichteinlagen = zusätzliches Giralgeld	jeweilige Mindestreserve
0		1 000 000	200 000
1	800 000	800 000	160 000
2	640 000	640 000	128 000
3	512 000	512 000	102 400
4	.	.	.
.	.	.	.
.	.	.	.

Wenn man unterstellt, daß sich die Reihe unendlich fortsetzt, läßt sich eine Formel berechnen, die die im Geschäftsbankensystem maximal mögliche Kreditschöpfung K aus einer bestimmten Überschußreserve Ü und gegebenem Mindestreservensatz z zu berechnen erlaubt. Die Formel lautet:

$$K = \frac{1}{z} \ddot{U}$$

Das ergibt in unserem Beispiel:

$$K = \frac{1}{0,2} \cdot 800\,000$$

$$= \frac{10 \cdot 800\,000}{2}$$

$$K = 4 \text{ Millionen}$$

D. h.: aus der Einzahlung von 1 Million bei einer Bank, bei der sich als Überschußreserve (freies Zentralbankgeld) 800 000 ergaben, kann das Geschäftsbankensystem als Ganzes Kredit (= Giralgeld) in Höhe von 4 Millionen schöpfen.

Das Geldschöpfungspotential der Geschäftsbanken wird dann vollständig ausgenutzt, wenn sie sämtliche freien (Überschuß-) Reserven für die Kreditgewährung einsetzen.

Es ist wichtig zu beachten, daß unser Beispiel nur eine Möglichkeit zeigt, den frei verfügbaren Bestand an Zentralbankgeld im Geschäftsbankensystem zu erhöhen. Die monetäre Basis, der Bestand an Zentralbankgeld bei Geschäftsbanken und Nichtbanken wird vor allem durch Verkäufe von Aktiva (z. B. Devisen, Wertpapiere) an die Zentralbank erweitert. Einzelheiten werden bei der Diskussion der Geldpolitik im 6. Abschnitt behandelt. Aber auch Zentralbankkredite an den öffentlichen Sektor (Staat) erhöhen die monetäre Basis.

In welcher Höhe das Kredit- und damit Geldschöpfungspotential von den Banken in Anspruch genommen wird, d. h. wie groß das Geldangebot in einer Volkswirtschaft bei gegebener Zentralbankgeldmenge ist, hängt von einer Reihe von Faktoren ab:

Auf die Frage nach den Bestimmungsfaktoren des Geldangebots können wir wegen der relativ komplizierten Zusammenhänge nur allgemein eingehen. Der oben abgeleitete Geld-schöpfungsmultiplikator gilt nur in dem Spezialfall, daß sich die Geschäftsbanken bei der Zentralbank nicht refinanzieren, d. h. kein zusätzliches Zentralbankgeld bekommen können, und daß nur Sichteinlagen und kein Bargeld gehalten werden. (Allerdings ist in jedem Fall davon auszugehen, daß Mindestreserven notwendig und vorgeschrieben sind.) In einer komplizierten Erweiterung der Multiplikatorformel müßten also erfaßt werden:

— die Bargeldquote. Sie gibt das Verhältnis von Bargeld zu Sichteinlagen bei den Nichtbanken an, sagt also etwas über die Zahlungssitten aus, ob mehr bar oder durch Scheck, Überweisung o. ä. gezahlt wird. Bargeldhaltung verringert die Überschußreserven.

— die Geldpolitik beschreibende Größen, die — wie später gezeigt wird — die den Geschäftsbanken potentiell verfügbare Zentralbankgeldmenge beeinflussen, also neben dem Mindestreservesatz den von der Zentralbank festgelegten Refinanzierungssatz und die von der Zentralbank vorgegebenen Rediskontkontingente.

Das Geldangebot hängt jedoch auch von der Bereitschaft der Geschäftsbanken zur Kreditvergabe ab: Der gesamte Kredit-schöpfungs- und damit Geldschöpfungsspielraum wird nicht immer ausgenutzt. Soll der Geldschöpfungsmultiplikator also in die Geldangebotsfunktion eingehen, muß er durch einen die Verhaltensweise der Geschäftsbanken beschreibenden

— Kreditkoeffizienten ergänzt werden. Hierbei spielen wieder Größen der Geldpolitik wie Diskont- und Lombardsatz, Rediskontkontingente und der Sollzinssatz, also die Ertrags-rate der zu vergebenden Bankkredite eine Rolle.

3. Die Nachfrage nach Geld

Wenn man fragt, warum Nichtbanken Geld nachfragen, also auf die verzinsliche Vermögensanlage verzichten, muß man sich zur Beantwortung die Geldfunktionen wieder ins Gedächtnis zu-rückrufen. Geld ist allgemeines Tauschmittel und dient in bestimmten Fällen zur Wertaufbewahrung. Für die Geldnachfrage steht zunächst die Tauschmittelfunktion im Vordergrund. Geld wird um so mehr nachgefragt, je mehr Güterkäufe geplant sind. Eine höhere Geldnachfrage ergibt sich insoweit aus einer Erhöhung der Gütererzeugung. Dieser Zusammenhang stand in der klassischen Nationalökonomie (bis Keynes) im Vordergrund, und wir haben ihn in der Graphik des Wirtschaftskreislaufs kennengelernt, wo dem Güterstrom ein monetärer (Geld-) Strom entgegenfloß. In Form einer Gleichung geschrieben, bedeutet dies:

$$M \cdot V_Q = P_Q \cdot Q$$

wobei M die Geldmenge, V deren Umschlagshäufigkeit und P das Niveau der Preise des in einer Periode fließenden Güterstroms, des pro Periode in der Volkswirtschaft insgesamt gehandelten Gütervolumens Q, bezeichnet. Diese sog. *Quantitätsgleichung* stellt zunächst einen definitorischen Zusammenhang her: Eine größere Gütermenge Q erfordert eine größere Geldmenge M, um den monetären Kreislauf sicherzustellen, es sei denn, das Preisniveau P fällt oder die Umlaufgeschwindigkeit des Geldes V erhöht sich. Die Umlaufgeschwindigkeit des Geldes hat man sich als abhängig von den Zahlungssitten vorzustellen. Zum Beispiel verringert sich die Umlaufgeschwindigkeit des Geldes auf rund ein Viertel, wenn der Lohn nicht mehr wöchentlich, sondern monatlich ausgezahlt wird. Wenn alles andere gleich bliebe, würde z.B. auch rund das Vierfache der Geldmenge pro Monat benötigt, um den Einkommenskreislauf in Gang zu halten.

Man kann die Gleichung statt auf das gesamte Gütervolumen (einschließlich Vorleistungen) nur auf die gesamtwirtschaftliche Endnachfrage beziehen, muß allerdings beachten, daß die Größen der Einkommenskreislaufgleichung des Geldes zum Teil anders zu definieren sind:

$$M \cdot V_Y = P_Y \cdot Y$$

wobei V_Y die Einkommenskreislaufgeschwindigkeit des Geldes angibt, also wie oft eine Geldeinheit von M in einer Periode durchschnittlich benutzt wird, um Beiträge zum Volkseinkommen monetär abwickeln zu können. P_Y bezeichnet jetzt nur noch die Preise der Güter, die im Volkseinkommen enthalten sind.

Von den oben beschriebenen Definitionsgleichungen kommt man zur »klassischen Quantitätstheorie«, wenn man Hypothesen aufstellt, wodurch und wie sich die enthaltenen Größen unabhängig voneinander verändern können. An der aus der Quantitätstheorie abzuleitenden Kassenhaltungstheorie läßt sich dies kurz zeigen; sie behauptet:

$$\overline{M} = kP_Y \cdot Y$$

Das Geldangebot sei durch $\overline{M}$ gegeben und muß bei den Nichtbanken untergebracht werden. Das gelingt bei einem bestimmten nominalen (in Preisen bewerteten) Volkseinkommen ($P_Y Y$) nur, wenn die Nichtbanken bei gegebenen Zahlungssitten eine bestimmte Kasse (= Geld) halten wollen, deren Größe sich aus dem Kassenhaltungskoeffizienten k (= $1/V_Y$) ergibt. Änderungen der Kassenhaltungsgewohnheiten müssen sich bei gleichbleibendem Geldangebot vor allem auf die Höhe des nominalen Volkseinkommens ($P_Y Y$) auswirken.

Die Nachfrage nach Geld ist nicht nur vom Volkseinkommen abhängig. Geld dient nicht nur Transaktionszwecken, sondern auch zur Wertaufbewahrung, d. h. als Vermögensanlage. Da es jedoch noch andere Formen der Vermögensanlage gibt, die außerdem den Vorteil der Verzinsung haben, ist zu erklären, warum Geld überhaupt in der Kasse gehalten wird. Die wichtigste Hypothese zu diesem Teil der Geldnachfragetheorie stammt von Keynes (Liquiditätspräferenztheorie). Das unverzinsliche Geld wird zu einer vorübergehenden Vermögensanlage benutzt, wenn die Wirtschaftseinheiten bei Wertpapieren sinkende Kurse, d. h. steigende Renditen erwarten.

Die Renditen der Wertpapiere müssen den Marktzinsen folgen. Steigenden Marktzinsen können die Wertpapierrenditen jedoch nur durch fallende Kurse folgen. Zum Beispiel kann die Rendite eines Wertpapiers mit einer Nominalverzinsung von 8 % (für den Nominalwert DM 100,—) nur dann auf 10 % steigen, wenn der Kurswert auf DM 80,— (angenommen unendliche Laufzeit) fällt. Eine Wirtschaftseinheit handelt vernünftig, wenn sie so lange Geld als Anlage hält, wie der erwartete Kursverlust (bei Wertpapieranlage) den möglichen Zinsertrag übersteigt. Die Erwartungen der verschiedenen Wirtschaftseinheiten sind unterschiedlich. Man kann jedoch annehmen, daß um so mehr Geld (Liquidität) zur Vermögensanlage nachgefragt wird, je niedriger die Zinsen (je höher die Wertpapierkurse) bereits sind. Denn dann ist a) erstens der Zinsverlust geringer und b) zweitens die Wahrscheinlichkeit wieder sinkender Kurse, bei denen man kaufen möchte, größer.

Bei dieser einfachen Theorie der Geldnachfrage (von Keynes) wird vor allem das unterschiedliche Risiko verschiedener Vermögensanlagen übersehen. Die *Portfoliotheorie* berücksichtigt diese Tatsache: Der Vermögensanleger kann ein Portfolio aus verschiedenen Anlagen zusammenstellen und die Zusammensetzung hinsichtlich Ertragserwartungen und Risiko optimieren. Geld, d. h. Kassenhaltung, ist nur eine Vermögensanlage unter vielen. Damit hängt die Geldnachfrage von Zins- und Risikoerwartungen ab und verändert sich mit ihnen. Im Ergebnis zeigt die Portfoliotheorie ebenso wie die Liquiditätspräferenztheorie eine mit steigendem Zins fallende Geldnachfrage.

Als wichtiger weiterer Einflußfaktor der Geldnachfrage bleiben erwartete Änderungen des Preisniveaus zu erwähnen; auf deren Einbeziehung in verschiedene Theorievarianten kann hier nicht näher eingegangen werden.

Aus Geldangebot und Geldnachfrage läßt sich ein monetäres Gleichgewicht der Volkswirtschaft ableiten, in dem eine bestimmte Geldmenge bei einem bestimmten Zinssatz gehalten wird.

Für das Verständnis der makroökonomischen Prozesse in einer Volkswirtschaft sind die Wechselwirkungen zwischen güterwirtschaftlichem und geldwirtschaftlichem Bereich entscheidend. Im folgenden sind insbesondere die Zusammenhänge (Transmissionsmechanismen) von monetären Impulsen und güterwirtschaftlichen Anpassungen zu behandeln.

4. Der Zusammenhang zwischen geld- und güterwirtschaftlichem Bereich einer Volkswirtschaft: Keynesianer versus Monetaristen

Eine auch wirtschaftspolitisch zentrale Frage der Makroökonomik betrifft die Wirkungen, die von Änderungen der Geldmenge auf den güterwirtschaftlichen (realen) Bereich einer Volkswirtschaft ausgehen. Wir werden diese Kernfrage der modernen Makroökonomik nur vereinfacht an der Gegenüberstellung der Hypothesen der wichtigsten Theorien behandeln können.

Gehen wir aus von einem Ungleichgewicht auf dem Geldmarkt: Die Geldnachfrage übersteigt das Geldangebot. Angenommen, die Zentralbank stelle kein zusätzliches Zentralbankgeld zur Ausweitung der Geldmenge zur Verfügung, so können die Wirtschaftseinheiten ihren Geldbestand (ihre Liquidität) nur dadurch vergrößern, daß sie Wertpapiere verkaufen. Entsprechend den im Keynesianischen Grundmodell abgebildeten Zusammenhängen werden durch den Verkauf die Wertpapierkurse sinken (die Nachfrage nimmt mehr Wertpapiere nur zu einem niedrigeren Kurs auf), d. h. die Zinsen steigen. Der Zins zeigt sich also als monetäre Größe, mit der ein Gleichgewicht zwischen Geld als Mittel der Wertaufbewahrung und verzinslichen Wertpapieren im Anlage-Portefeuille der Wirtschaftseinheiten hergestellt wird.

Wie wir aus der Darstellung des güterwirtschaftlichen Bereichs wissen, wird im Keynesianischen Modell eine Zinsabhängigkeit der Investitionsausgaben angenommen (Investitionsfunktion). Der durch monetäre Einflüsse steigende Zins hat also güterwirtschaftliche Wirkungen, und zwar werden zuerst die Investitionsausgaben zurückgehen. Das hat zur Folge, daß das Volkseinkommen (durch einen negativen Multiplikatorprozeß) sinkt. Bei niedrigerem Volkseinkommen wird weniger gespart, das Gleichgewicht von Sparen und Investition

$$S(Y) = I(r)$$

stellt sich wieder ein. Gleichzeitig sinkt der Zins wieder etwas, denn für das niedrigere reale Volkseinkommen braucht man weniger Geld für Transaktionszwecke.

Aber: möglicherweise ist das neue reale Volkseinkommen (Volkseinkommen bei konstantem Preisniveau) nicht mehr groß genug, um alle vorhandenen Arbeitskräfte zu seiner Produktion einsetzen zu können, es herrscht Unterbeschäftigung (Arbeitslosigkeit).

Wirtschaftspolitisch wäre also die umgekehrte Vorgehensweise vorzuschlagen: Dem Leser sei die Überlegung überlassen, welche Schritte von einer Erhöhung der Zentralbankgeldmenge (z. B. durch Kauf von Wertpapieren durch die Zentralbank) zu einer Erhöhung der Investitionsausgaben und zur Erhöhung des realen Volkseinkommens führen.

Die Keynesianer sehen zwei zentrale Probleme im Anpassungsprozeß von güter- und geldwirtschaftlichem Bereich:

— die Investitionsausgaben reagieren nicht auf fallende Zinsen (*»Investitionsfalle«*)

— die zunehmende Geldmenge führt nicht zu sinkenden Zinsen. Wenn die Zinsen bereits niedrig sind, wagt kaum jemand noch Wertpapiere zu kaufen, sondern wartet mit der verzinslichen Anlage seines Geldes ab (*»Liquiditätsfalle«*).

Der oben geschilderten Anpassungshypothese der Keynesianer stellen die Monetaristen (seit 1956 Milton Friedman) eine auf dem ersten Blick völlig andere Sicht des Zusammenhangs zwischen dem geld- und güterwirtschaftlichen Bereich der Volkswirtschaft gegenüber. Für die Monetaristen ist der Geldbereich der wesentliche Auslöser von Schwankungen der wirtschaftlichen Aktivität und damit des realen Sozialprodukts. Die von den Keynesianern in den Vordergrund gestellten Veränderungen der effektiven Nachfrage sind für Monetaristen unerheblich, wenn sie nicht gleichzeitig mit Änderungen der Geldmenge verbunden sind.

Ausgangspunkt der Überlegungen der Monetaristen ist ein bestimmter Vermögensbegriff. Vermögen umfaßt danach Finanzvermögen (Geld, Geldmarktpapiere, Schatzbriefe u. ä.), vorhandenes Sachvermögen (Investitions- und dauerhafte Konsumgüter, Miteigentum an Unternehmen einschließlich Aktien u. ä.) und in der betrachteten Periode neu produziertes Sachvermögen, sowie menschliches Kapital, die durch Ausbildung und Wissen gebildete Fähigkeit des Menschen, Arbeitseinkommen zu erzielen; dem stehen Verbindlichkeiten gegenüber.

In der bereits beschriebenen Art und Weise des Aufbaus eines optimalen Portefeuille von Vermögensanlagen verschiedenster Kategorien reagieren die Wirtschaftseinheiten nach Ansicht der Monetaristen auf Störungen der optimalen Zusammensetzung des in obiger Weise definierten Vermögens. Stellt zum Beispiel die Zentralbank den Geschäftsbanken eine größere Menge Zentralbankgeld zur Verfügung, muß eine Anzahl von Anpassungsvorgängen die als optimal angesehene Vermögenszusammensetzung wiederherstellen. Zunächst werden die Wirtschaftseinheiten das (»überschüssige«) Geld in zinstragende Wertpapiere (Staatsobligationen u. ä.) anlegen, deren Kurse steigen, d. h. die Wertpapierrenditen sinken. Die Geschäftsbanken werden ihr Kreditangebot an Nichtbanken erhöhen, was verbunden ist mit sinkenden Sollkreditzinsensätzen. Verglichen mit den im Kurs gestiegenen Wertpapieren ist Sachvermögen noch nicht im Preis gestiegen. Erhöhte Nachfrage läßt den Preis des bereits vorhandenen Sachvermögens steigen, es lohnt sich daraufhin, neues Sachvermögen nachzufragen. Dieses wird vermehrt produziert, was — zunächst in den direkt betroffenen Branchen — einen Anstieg von Produktion und Beschäftigung bei schließlich auch steigenden Preisen und Löhnen bedeutet. Jetzt werden auch die anderen Branchen von einer Nachfrageerhöhung profitieren, die Produktionserweiterung erfaßt die gesamte Volkswirtschaft und wirkt dann auch wieder zurück auf Unternehmen, die mit erhöhten Investitionsausgaben reagieren. Schließlich wird sich der Expansionsprozeß der Volkswirtschaft auch in steigenden Kreditzinsen und Wertpapierrenditen niederschlagen, und gleichzeitig führen die alle Güter erfassenden Preiserhöhungen zu zurückgehenden realen Werten des Nettovermögens. Beide Wirkungen bringen den Expansionsprozeß zum Stillstand.

Fazit: Die Monetaristen unterstellen bei Geldmengenänderungen sehr viel umfassendere Anpassungsvorgänge als die Keynesianer, die sich auf die Reaktion der Investitionsausgaben bei monetär ausgelösten Zinsänderungen konzentrieren. Nach dem

Keynesianischen Modell bestehen große Gefahren, daß die Impulse vom Geld- auf den Güterbereich der Wirtschaft blockiert werden (Investitionsfalle, Liquiditätsfalle). Keynesianer können deshalb nicht an die zentrale Rolle der Geldmenge für den störungsfreien Ablauf von Produktion und Beschäftigung in einer Volkswirtschaft glauben.

Nach monetaristischer Auffassung ist die Änderung der Geldmenge entscheidend für güterwirtschaftliche Reaktionen. Folgerichtig schließen die Monetaristen daraus, daß Schwankungen von Produktion und Beschäftigung vor allem durch die Änderung der Geldmenge ausgelöst werden und daß deshalb die Geldmenge möglichst stetig wachsen sollte. Im übrigen sorge der Marktmechanismus (der relativen Preise) für eine kontinuierliche Entwicklung im güterwirtschaftlichen Bereich. Da staatliche Interventionen in den Erwartungen der Wirtschaftseinheiten bereits vorweggenommen würden, könne staatliche Wirtschaftspolitik sowieso keinen Schwankungen von Volkseinkommen und Beschäftigung entgegensteuern.

Für die Monetaristen stellt sich der Transmissionsmechanismus zwischen Geld- und Güterbereich allerdings noch komplizierter dar, als bisher geschildert. Alle Anpassungsvorgänge sind von Informations- und Anpassungskosten begleitet, von denen zusätzliche Wirkungen ausgehen können. Arbeitslosigkeit ist für Monetaristen ein solcher Fall, wo unzureichende oder nicht schnell genug umgesetzte Informationen über die tatsächliche Situation auf dem Arbeitsmarkt die Anpassung der Arbeitslosen und damit den Anstieg der Beschäftigung verhindern. Staatliche Fiskalpolitik könne nach Ansicht der Monetaristen in einer solchen Situation kaum helfen.

Die Frage bleibt jedoch, ob prinzipiell der Markt alle Anpassungsvorgänge optimal steuern kann. Wenn Unternehmer wegen gesunkener Güternachfrage und gesunkenem Absatz zunächst die Zahl der eingesetzten Arbeitskräfte reduzieren, bevor überhaupt die Löhne zur Anpassung sinken können, so werden die entlassenen Arbeiter auch nicht mehr ihre geplante Güternachfrage realisieren. Das Güterangebot paßt sich an, die Produktion geht zurück, ohne daß die Güterpreise in Reaktion auf die veränderte Marktsituation fallen können.

In dieser angedeuteten Richtung bewegen sich die Überlegungen der Neokeynesianer — zum Teil in Reaktion auf die Kritik der Monetaristen —, wenn sie bezweifeln, daß Automatismen für die gleichzeitige Räumung aller Märkte, insbesondere der Gütermärkte und des Arbeitsmarkts, in allen Situationen sorgen können.

5. Geld und Inflation

Die gebräuchlichste Definition der Inflation bezieht sich auf ihr meßbares Erscheinungsbild: Inflation ist die anhaltende, über eine bestimmte Rate hinausgehende Steigerung des allgemeinen Preisniveaus. Unter Preisniveau hat man sich den »Durchschnittspreis« eines bestimmten Güterbündels vorzustellen, die Statistiker haben zur Messung Indexziffern entwickelt. Für welches Güterbündel man den Anstieg des Preisniveaus messen sollte, läßt sich nicht allgemein sagen. Der Preisindex des Bruttosozialprodukts würde die Preissteigerungen aller Sachgüter und Dienstleistungen in einer Volkswirtschaft (außer den Vorleistungen) erfassen, in der Praxis am häufigsten wird jedoch der Preisindex für die Lebenshaltung aller privaten Haushalte als Maß der Inflation verwendet.

In der Quantitätsgleichung und der Einkommenskreislaufgleichung des Geldes haben wir oben (Abschnitt 3) eine definitorische Beziehung zwischen gehandeltem Gütervolumen bzw. Volkseinkommen und Umlauf- bzw. Kreislaufgeschwindigkeit des Geldes, der Geldmenge und dem Preisniveau kennengelernt. Wir wollen jetzt vor allem theoretische Zusammenhänge diskutieren, die den Einfluß der Geldmenge auf das Preisniveau behandeln, werden jedoch auch andere Inflationsursachen erwähnen.

Im Keynesianischen Modell (Kapitel III) wurde gezeigt, wie durch eine Erhöhung der effektiven Nachfrage über das bei Vollbeschäftigung zu produzierende Sozialprodukt hinaus eine »inflatorische Lücke« (= Angebotslücke) entsteht. Die geplante Mehrnachfrage in der Volkswirtschaft kann wegen Vollauslastung der Kapazitäten nicht durch Mehrproduktion befriedigt werden, durch den Anstieg des Preisniveaus wird nur das nominale Volkseinkommen erhöht. Voraussetzung für den allgemeinen Preisanstieg des nominalen Einkommens ist eine Erhöhung der Geldmenge (durch die Zentralbank). Inflation ist allerdings nicht nur ein Problem der vollbeschäftigten Wirtschaft, wie wir in der Bundesrepublik Deutschland vor allem Anfang der 80er Jahre gesehen haben: Die Arbeitslosenquote und die Preissteigerungsrate erhöhten sich von Jahr zu Jahr. Der Zusammenhang zwischen Preissteigerungsrate und der Arbeitslosenquote ist in vielen Ländern empirisch beschrieben worden und wird mit der (nach ihrem Erfinder 1958 sogenannten) *Phillips-Kurve* dargestellt. Dabei ließ sich jedoch kein für alle Länder gültiger regelmäßiger Zusammenhang finden.

Der unklare Zusammenhang zwischen Inflation und Arbeitslosigkeit unterstützt die monetaristische Position, nach der eine Erhöhung der effektiven Nachfrage langfristig die Vollbeschäftigung nicht sichert, sondern nur zu allgemeinen Preissteigerungen führt. Veränderungen des Geldangebots (u. a. durch die Zentralbank) wirken nach Ansicht der Monetaristen durch die hervorgerufenen Vermögensumschichtungen direkt nur auf das nominale Volkseinkommen, das reale Volkseinkommen könnte langfristig nicht durch Geldmengenänderungen beeinflußt werden.

Wie schon erläutert, glauben die Monetaristen, daß die Marktmechanismen (bei flexiblen Löhnen) im realen Bereich der Wirtschaft auch auf dem Arbeitsmarkt für ein Gleichgewicht von Angebot und Nachfrage sorgen (so die Märkte nicht durch Staatseingriffe behindert werden). Daß Arbeitslosigkeit in der Realität vorkommt, hält man für natürlich, und mit Problemen fehlender Information und zu geringem Engagement bei der Arbeitsplatzsuche bzw. mangelnder Bereitschaft zur Arbeit bei niedrigerem Lohn erklärbar.

Eine dritte Art von Inflationstheorien muß noch kurz erwähnt werden. Wie in beiden anderen Theorien kann es zwar auch hier nur zur Inflation kommen, wenn eine Geldmengenerhöhung Preissteigerungen ermöglicht. Als Ursache von Preissteigerungen wird jedoch das Verhalten der Unternehmer gesehen: Unternehmer können Preise festsetzen, und sie werden vor allem bei Kostensteigerungen die Preise erhöhen. Dabei werden oft — vielfach aus taktischen Überlegungen — die durch Lohnerhöhungen verursachten Kostensteigerungen einseitig in den Vordergrund gestellt (*»Lohn-Preis-Spirale«*). Bei vollkommenem Wettbewerb könnte ein Unternehmer seine Angebotspreise nicht ohne weiteres erhöhen, bei anderen Marktformen hat er jedoch die Macht, auf die Kosten einen gewissen Gewinnaufschlag zu machen. Gelingt es dem Unternehmer, auch bei gestiegenen Kosten den bisherigen gewohnten Gewinnaufschlag durchzusetzen, so müssen sich zwangsläufig die Preise erhöhen. Geschieht dies in vielen Unternehmen und Sektoren der Volkswirtschaft gleichzeitig, ergibt sich eine — je nachdem, von welcher Seite man es sieht — Kostendruck- bzw. Gewinnsog-Inflation. Weil die Entwicklung von Löhnen (als Kosten) und/oder Gewinnen hinter diesem Inflationstyp vermutet wird, spricht man auch von einer Verteilungskampf-Inflation. Manche Ökonomen halten diesen Inflationstyp für den wichtigsten und weitaus häufigsten.

Wir müssen uns allerdings erinnern, daß a) die Durchsetzung von Gewinnaufschlägen durch die Gesamtheit der Unternehmer bestimmte Kreislaufbeziehungen voraussetzt, die sich aus dem Zusammenhang von Investitionsquote und Gewinnquote ergeben (siehe Kapitel III) und b) die Zentralbank eine Ausdehnung der Geldmenge zulassen muß, damit das (wegen der höheren Preise) nominal wachsende Volkseinkommen umgesetzt werden kann.

6. Geldpolitik und die Rolle der Deutschen Bundesbank als Zentralbank

Unter Geldpolitik sind alle Maßnahmen zu verstehen, die die ungestörte Geld- und Kreditversorgung einer Wirtschaft unter Beachtung geld- und allgemeiner wirtschaftspolitischer Ziele betreffen. Hauptträger der Geldpolitik einer Volkswirtschaft sind die Zentralbank und die Geschäftsbanken. Die institutionellen Voraussetzungen (Geldordnung) für die Geldversorgung werden im großen und ganzen vom Gesetzgeber festgelegt, z. B. das staatliche Monopol zur Ausgabe gesetzlicher Zahlungsmittel und die Kompetenzen der Zentralbank. Die Deutsche Bundesbank (Sitz Frankfurt am Main) ist im Bundesbankgesetz (BBkG) von 1957 zur Zentralbank der Bundesrepublik Deutschland bestimmt worden. In § 3 BBkG ist ihre Aufgabe allgemein festgelegt: *»Die Deutsche Bundesbank regelt mit Hilfe der währungspolitischen Befugnisse, die ihr nach diesem Gesetz zustehen, den Geldumlauf und die Kreditversorgung der Wirtschaft mit dem Ziel, die Währung zu sichern, und sorgt für die bankmäßige Abwicklung des Zahlungsverkehrs im Inland und mit dem Ausland.«*

Nachdem nach der Freigabe der Wechselkurse 1973 (in Zuständigkeit der Bundesregierung, siehe Kapitel VIII) die Sicherung der Währung nach außen (Stabilisierung des Wechselkurses) weniger Bedeutung hat, ist als Hauptaufgabe der Bundesbank die Sicherung der Preisstabilität im Innern in den Vordergrund getreten.

— Die Bundesbank ist verpflichtet (§ 12 BBankG) *»unter Wahrung ihrer Aufgabe die allgemeine Wirtschaftspolitik der Bundesregierung zu unterstützen. Sie ist ... von Weisungen der Bundesregierung unabhängig.«*

— Die Bundesbank ist die Bank der Banken: die Geschäftsbanken haben dort Sichtguthaben und können unter bestimmten Bedingungen von dort Kredite erhalten (zur Refinanzierung der Kreditgewährung der Geschäftsbanken)

— Bei der Bundesbank müssen Bund und Länder ihre Kassen-(Geld-)bestände (flüssige Mittel) als Einlagen halten, und sie gewährt ihnen Kassenkredite zur kurzfristigen Überbrückung von Einnahmedefiziten.

— *»Die Deutsche Bundesbank hat das ausschließliche Recht, Banknoten im Geltungsbereich dieses Gesetzes auszugeben.«* (§ 14 BBankG)

Als Träger der Geld- und Kreditpolitik stehen der Deutschen Bundesbank eine Reihe von Instrumenten zur Verfügung, und zwar Instrumente

a) die den Refinanzierungsspielraum der Geschäftsbanken beeinflussen,

b) die die Schöpfung und Vernichtung von Zentralbankgeld direkt betreffen und

c) die die bei der Zentralbank zu haltenden Reserven der Geschäftsbanken für ihre Einlagen festsetzen.

a) Diskont- und Lombardpolitik

Zur Refinanzierung ihrer eigenen Kreditgewährung können
Geschäftsbanken bestimmte Wechsel (aus Warengeschäften mit
besonders »guten« Schuldnern) bei der Bundesbank zum *Re-
diskont«* einreichen. Durch Festlegung des Diskontsatzes beeinflußt die Zentralbank die Kosten dieser Refinanzierungskredite
der Geschäftsbanken (Diskontpolitik). Außerdem kann die
Bundesbank den Umfang der von ihr aufgekauften Wechsel
(durch Rediskontkontingente) festlegen.

Die Bundesbank kann den Geschäftsbanken Refinanzierungs-
kredite (Lombardkredite) auch gegen Verpfändung bestimmter
Wertpapiere gewähren. Durch den Lombardsatz werden die
Zinskosten für diese Art von Zentralbankkredit festgelegt
(Lombardpolitik).

b) Als Offenmarktpolitik

bezeichnet man den An- und Verkauf von Wertpapieren gegen
Zentralbankgeld durch die Zentralbank. Damit findet also eine
direkte Zentralbankgeldschöpfung oder -geldvernichtung statt.
Gegenstand der Offenmarktpolitik der Bundesbank sind überwiegend kurzfristige Wertpapiere (Schatzwechsel und unverzinsliche Schatzanweisungen). Die Bundesbank nennt jeweils
den Preis (Kurs), zu dem sie solche Wertpapiere ankauft oder
verkauft. Insofern beeinflußt sie die Zusammensetzung der
Vermögensbestandteile bei den Geschäftsbanken, die sich an
die veränderten Zinsrelationen (geänderten Erträge verschiedener Vermögensanlagen) anpassen werden.

c) Die Mindestreservenpolitik

der Bundesbank besteht in der Variation der Mindestreserve-sätze, d. h. der Höhe des Prozentsatzes der Einlagen von inländischen Nichtbanken und Ausländern bei den Geschäftsbanken, den die Geschäftsbanken als unverzinsliche Sichtguthaben bei der Bundesbank halten müssen. Je nach der Art der Einlagen bei den Geschäftsbanken existieren verschiedene Mindestreservesätze, deren Obergrenzen gesetzlich festgelegt sind, z. B. beträgt die gesetzliche Höchstgrenze für den Mindestreservesatz bei Sichteinlagen 30 %, bei Spareinlagen 10 %.

Mit den Mindestreservesätzen verändert sich das Kredit- und damit Geldschöpfungspotential der Geschäftsbanken, wie es in Abschnitt 2 dieses Kapitels erklärt wurde.

Die Wirkungen der Geld- und Kreditpolitik der Zentralbank auf die Entwicklung des Volkseinkommens und auf den güterwirtschaftlichen Bereich sind nur auf der Grundlage der makroökonomischen Theorien zu verstehen, wie sie im III. und hier im V. Kapitel erläutert werden. Dabei zeigt die angesprochene Kontroverse zwischen Keynesianern und Monetaristen, daß es keine einheitliche Meinung über die Rolle des Geldes in der Wirtschaft gibt. Wissenschaftliche Empfehlungen an die praktische Geld- und Wirtschaftspolitik unterscheiden sich deshalb auch nach der politischen Grundüberzeugung der Berater.

VI. Wirtschaftliches Wachstum und Strukturwandel: Wohlstandssteigerung durch technischen Fortschritt

1. Erscheinungsformen und Messung wirtschaftlichen Wachstums und der Begriff des Strukturwandels

Über »wirtschaftliches Wachstum« wird häufig diskutiert, zum Teil, weil Unklarheit über den Begriff besteht. Da auch für den Volkswirt wirtschaftliches Wachstum viele Bedeutungen haben kann, ist eine Begriffsklärung hier so wichtig wie in kaum einem anderen Gebiet der Volkswirtschaftslehre. Am umfassendsten und zugleich sehr abstrakt ist die Vorstellung von Wachstum als Zunahme der Wohlfahrt oder des Wohlstandes einer Gesellschaft und Volkswirtschaft.

In marktwirtschaftlichen demokratischen Gesellschaften ist unstreitig die Gesamtwohlfahrt als in irgendeiner Weise summiertes Ergebnis der Wohlfahrt jedes einzelnen Bürgers zu interpretieren, und unterliegt insofern persönlichen (gefühlsmäßigen) Bewertungen. Da es jeder einzelnen Wirtschaftseinheit jedoch nicht gleich gut geht, sind Verteilungsüberlegungen nicht auszuschließen: Solange man die Wohlfahrt einer einzelnen Wirtschaftseinheit erhöhen kann, ohne die einer anderen zu senken, erhöht sich die Gesamtwohlfahrt, und jeder Ökonom wird entsprechende Aktivitäten gutheißen. Im allgemeinen wird sich jedoch ein Volkswirt für unzuständig erklären (müssen), wenn er gefragt wird, um wieviel die Wohlfahrt eines Gesellschaftsmitglieds *auf Kosten* eines anderen steigen sollte, damit die Gesamtwohlfahrt der Gesellschaft zunimmt.

Etwas weniger abstrakt als Wohlfahrt oder Wohlstand einer Gesellschaft ist der Begriff der Lebensqualität: Messungen der Lebensqualität in verschiedenen Regionen oder verschiedenen

Ländern mit Hilfe von sozialen Indikatoren sind versucht worden. So veröffentlicht die Bundesforschungsanstalt für Landeskunde und Raumordnung für die 75 Raumordnungsregionen der Bundesrepublik Deutschland eine Indikatorentabelle als Beitrag zum interregionalen Vergleich der Lebensbedingungen der Bevölkerung, der Situation und Entwicklung der Regionen. Da man auf vorliegende statistische Angaben angewiesen ist, handelt es sich um sehr grobe, indirekte Indikatoren der Wirtschafts- und Arbeitsmarktsituation (z. B. offene Stellen je 1000 Arbeitslose, Verdienstmöglichkeiten in der Industrie), des Ausbildungsangebots, der medizinischen Versorgung, der Wohnungssituation und der Verkehrserschließung. Auch Ansätze zur Messung der Umweltqualität von Regionen mit Hilfe von Indikatoren sind allgemein bekannt geworden. Die Weltbank (Human Development Report 1990) verwendet drei Kriterien für einen Index der sozialen Entwicklung eines Landes (als Ergänzung des Pro-Kopf-Einkommens als Wohlstandsmaß): die durchschnittliche Lebenserwartung, die Alphabetisierungsquote und ein bestimmtes Mindest-Pro-Kopf-Einkommen je nach Länderkategorie.

Die Ökonomen betrachten die Versuche zur Messung von Lebensqualität oder Wohlfahrt einer Volkswirtschaft durch Indikatorensysteme meist nur als pragmatische Konzepte am Rande ihrer Wissenschaft. Ihre übliche Vorgehensweise zur Messung der Wohlfahrt einer Volkswirtschaft beruht auf einer die Zusammenhänge stark vereinfachenden Hypothese: Es wird angenommen, daß die Wohlfahrt jedes Individuums von den ihm zum Konsum verfügbaren Güterarten (einschließlich Dienstleistungen) und Gütermengen abhängt, daß also die Gesamtwohlfahrt der Gesellschaft durch ihre materiellen Grundlagen bestimmt ist.

Zu den Gütern gehören sowohl private als auch öffentliche Güter, und der Gutsbegriff umfaßt natürlich auch Dienstleistungen, so daß man bei einer sehr umfassenden Interpretation des Güterbegriffs durchaus wieder Zusammenhänge mit der durch Indikatoren zu messenden Lebensqualität herstellen kann. Auch für die durch Mengen verschiedener Güter gemessene ökonomische (materielle) Wohlfahrt einer Volkswirtschaft gilt das oben Gesagte: Sie ist wesentlich bestimmt von der Verteilung der Gütermengen auf die Individuen, der Ökonom kann jedoch nicht sagen, wie die Verteilung sein sollte, sofern nicht allein Wachstum das Ziel ist. .

Der eben behandelte Begriff der materiellen Wohlfahrt einer Gesellschaft bringt uns zur in der Volkswirtschaft üblichen Definition des wirtschaftlichen Wachstums.

Unter wirtschaftlichem Wachstum versteht man die Zunahme des Sozialprodukts einer Volkswirtschaft, wobei das Sozialprodukt als Gesamtwert der in einem Jahr von Inländern erzeugten Güter (abzüglich Vorleistungen) definiert ist. (Auf Regionsebene wird meist die Zunahme des Inlandsprodukts, als des Gesamtwerts der in der Region erzeugten Güter gemessen; vgl. zu den Begriffen Kapitel III.) Es ist weiter zu unterscheiden:

— Reales Wachstum = Zunahme des Sozialprodukts, bewertet zu konstanten Preisen eines Basisjahres (d. h. abzüglich der Inflationsraten),

— Nominales (nominelles) Wachstum = Zunahme des Sozialprodukts, bewertet zu (laufenden) Gegenwartspreisen.

Wenn man von quantitativem Wachstum spricht, meint man üblicherweise die eben gegebene Definition, während es beim Begriff des qualitativen Wachstums mehr um die oben besprochene Zunahme der Lebensqualität geht. Allerdings ist zu berücksichtigen, daß das Sozialprodukt neben Konsumgütern auch Investitionsgüter umfaßt, so daß Sozialproduktwachstum unter Umständen auf längere Frist nur eine Zunahme der Investitionen bedeuten könnte, ohne daß sich die Konsumgüterversorgung der Bevölkerung verbessert.

Als extensives Wachstum bezeichnet man das Wachstum des Sozialprodukts einer Volkswirtschaft, ohne daß das Sozialprodukt pro Kopf zunimmt. Unter intensivem Wachstum versteht man die Zunahme des Sozialprodukts pro Kopf in einer Volkswirtschaft, also wirtschaftliches Wachstum im engeren Sinn. In diesem Zusammenhang ist auf gelegentliche Unklarheiten der Wachstumsdebatte hinzuweisen: Bevölkerungswachstum in einer Volkswirtschaft kann allein der Grund einer gewissen Zunahme des Sozialprodukts sein, pro Kopf nimmt das Sozialprodukt dabei ab. Statt der undifferenzierten Kritik am Wirtschaftswachstum wäre in bestimmten Fällen das Bevölkerungswachstum kritisch zu diskutieren.

Die Produktion neuer oder stark verbesserter Güter ist die zentrale Ursache des sektoralen Strukturwandels. Wirtschaftliches Wachstum als Zunahme der realen Gütermenge (des realen Sozialprodukts) ist ohne Erneuerung oder Verbesserung der Güter, d. h. ohne Strukturwandel gar nicht denkbar. Die sektorale Gliederung der Volkswirtschaft wird in der amtlichen Statistik mit der Wirtschaftszweigeinteilung gleichgesetzt, die die Volkswirtschaft (sofern es sich um den Bereich der privatwirtschaftlichen Produktion handelt) vor allem nach Kriterien von Gütermärkten unterteilt, d. h. danach, welche Art von Gütern in dem Sektor produziert und auf dem zugehörigen Markt angeboten werden, z. B. Sektor Straßenfahrzeugbau, Sektor Bekleidungsgewerbe. Die Verwendung von Kriterien, mit denen Märkte gegliedert werden, stellt sicher, daß die Wirtschaftszweigstruktur als Ergebnis des (Marktpreis-)Allokationsmechanismus interpretiert werden kann (siehe Kapitel II). Allerdings ist einzuräumen, daß in der statistischen Praxis die Zuordnung von Einzelsektoren und Güterteilmärkten schwierig ist, da es nur wenige Betriebe gibt, die ein einziges einheitliches Gut produzieren und die vielen verschiedenen Güter oft nur schwer nach Güterarten zusammenzufassen sind.

Strukturwandel ist gekennzeichnet durch die Veränderung der Anteile der verschiedenen Sektoren (oder Regionen bei Betrachtung der Regionalstruktur) am Inlandsprodukt, am Sozialprodukt, am Umsatz oder der Gesamtzahl der Beschäftigten einer Volkswirtschaft. Aufgrund der Kriterien, die die Sektorgliederung bestimmen, besteht sektoraler Strukturwandel jedoch auch immer in einer Veränderung der Mengen, Arten und Qualitäten der in einer Volkswirtschaft produzierten Güter (einschließlich Dienstleistungen), einige Güter werden im Zeitablauf weniger oder gar nicht mehr, andere Güter werden mehr oder völlig neu produziert. Gleichzeitig verändern sich die angewandten Produktionsverfahren, häufig dadurch, daß neue Investitionsgüter (Maschinen usw.) eingesetzt werden.

2. Bestimmungsfaktoren von Wirtschaftswachstum und Strukturwandel auf der Nachfrage- und Angebotsseite

Wirtschaftswachstum bedeutet Zunahme von Gütermengen und/oder Verbesserung von Güterqualitäten, die verbunden ist mit Veränderungen der Zusammensetzung nach Arten von Gütern. Deshalb ist Wirtschaftswachstum in der Realität ohne Strukturwandel nicht denkbar.

Wirtschaftliches Wachstum im oben definierten Sinn beruht auf einer Überlagerung von Einflüssen der Nachfrage- und Angebotsseite. Durch den Wunsch der Konsumenten, mehr und/oder qualitativ höherwertige Güter zu konsumieren, können Produzenten ihre Produktion steigern und/oder verbesserte oder neue Güter anbieten. Und umgekehrt führt die Umsetzung von Erfindungen in neue Güter oder verbesserte Produktionsprozesse zu Nachfrageanreizen und eventuell zur Entdeckung neuer Bedürfnisse.

Auf der Nachfrageseite sind als Bestimmungsfaktoren des Wachstums der Güterproduktion und des Strukturwandels die Bedürfnisse der Nachfrager und die Einkommensentwicklung (in Verbindung mit Änderungen von relativen Güterpreisen) zu analysieren.

Die sich verändernde Bedürfnisstruktur von Konsumenten, die gesellschaftlichen Trends und sozialpsychologischen Einflüssen unterliegt, wird von Ökonomen im allgemeinen nicht näher untersucht. Allerdings ist zu berücksichtigen, daß Bedürfnisstrukturen auch vom Alter, Familiengröße, sozialer Schicht usw. abhängen, so daß Änderungen in der Zusammensetzung der Bevölkerung nach diesen Kriterien auf Wachstum und Strukturwandel durchschlagen.

Bei der Einkommensentwicklung der Konsumenten und der Verschiebung relativer Güterpreise handelt es sich um rein ökonomische Faktoren, die trotz ihres (Kreislauf-)Zusammenhangs mit der Produktion und damit der Angebotsseite einen eigenständigen Einfluß auf Wachstum und Strukturwandel ausüben. Bereits der deutsche Statistiker E. Engel stellte Mitte des 19.

Jahrhunderts fest, daß mit steigendem Einkommen der Haushalte die Ausgaben für Nahrungsmittel zwar absolut zunehmen, ihr Anteil am Einkommen aber sinkt. Allgemein läßt sich sagen, daß Güter des Grundbedarfs mit steigendem Einkommen nur unterproportional nachgefragt werden, während der Ausgabenanteil für Güter des gehobenen oder gar Luxusbedarfs mit steigendem Einkommen überproportional zunimmt. Hinsichtlich des Einflusses der relativen Güterpreise auf die Struktur der nachgefragten Güter ist festzuhalten, daß relativ fallende Preise zu einer steigenden Marktnachfrage führen, die um so größer ist, je preiselastischer die Nachfrage ist. Hier liegt eine Erklärung für die mit relativen Preissenkungen verbundene Verbreitung früherer Luxusgüter in weiten Verbraucherschichten, jedoch bleibt der Einkommenseffekt, also das steigende Einkommen für den Wandel der Nachfragestruktur letztlich doch viel wichtiger.

Zum Strukturwandel tragen auf der Nachfrageseite auch die Investitionsnachfrage der Unternehmer, die Nachfrage des Staats und die Auslandsnachfrage bei: Hier sind eine Vielzahl weiterer Einflußfaktoren wirksam, die ingesamt hier nicht zu besprechen sind. Allerdings hängt ein großer Teil dieser Faktoren mit dem von der Angebotsseite aus bestimmten Wachstum und Strukturwandel zusammen, auf das wir jetzt zu sprechen kommen wollen.

Zentraler Bestimmungsfaktor von Wirtschaftswachstum und Strukturwandel auf der Angebotsseite ist der technische Fortschritt, der zu neuen Gütern und neuen Produktionsprozessen führt. Verbunden ist der Strukturwandel mit Verschiebungen der relativen Faktorpreise, insbesondere einer relativen Verbilligung des Faktors Kapital im Verhältnis zum Faktor Arbeit, und einer Steigerung der Arbeitsproduktivität. Die durchschnittliche Arbeitsproduktivität gibt die Gütermenge an, die pro eingesetzter Einheit Arbeit produziert werden kann, und wird empirisch vom Statistischen Bundesamt als reales Bruttoinlandsprodukt pro Erwerbstätigen gemessen. Auf die Arbeitsproduktivität ($\frac{Y}{A}$) wirken zwei Einflüsse: der technische Fortschritt, der die Kapitalproduktivität ($\frac{Y}{K}$, das pro Kapitaleinheit K mögliche Sozialprodukt Y, gemessen durch den Quotienten aus Bruttoinlandsprodukt und Bruttoanlagevermögen) erhöht, und die Kapitalintensität ($\frac{K}{A}$, also Kapitaleinheiten pro Arbeitseinheit, gemessen durch das Bruttoanlagevermögen pro Erwerbstätigen im Inland), die Ausstattung der Arbeit mit Kapital.

In Formeln: $\frac{Y}{A} = \frac{Y}{K} \cdot \frac{K}{A}$, d. h. die Arbeitsproduktivität ergibt sich als Produkt von Kapitalproduktivität und Kapitalintensität der Arbeit.

Mehreinsatz von Kapital (Anlageinvestitionen) und der im allgemeinen damit verbundene technische Fortschritt (»moderne Maschinen sind produktiver«) führen also auch ohne Zunahme der Beschäftigung zu wirtschaftlichem Wachstum. Wir werden im 4. Abschnitt dieses Kapitels zeigen, daß dieser Prozeß ohne Strukturwandel nicht möglich ist, daß Strukturwandel die eigentlich treibende Kraft des wirtschaftlichen Wachstums einer Volkswirtschaft ist.

Störungsfreies, d. h. stabiles Wachstum des Sozialprodukts einer Volkswirtschaft hat bestimmte Voraussetzungen, die sich aus Zusammenhängen des Wirtschaftskreislaufs ergeben.

Im Grundmodell des Wachstums ist über Keynes hinausgehend berücksichtigt, daß (Netto-)Investitionen nicht nur Einkommen, sondern auch neue Produktionskapazitäten schaffen. Um wieviel die Produktionskapazitäten durch die Vermehrung des Kapitalstocks (ΔK) zunehmen können, läßt sich anhand der (marginalen) Produktivität der Investition σ (d. h. an deren Kapitalproduktivität) messen; σ gibt an, wieviel die zuletzt eingesetzte Kapitaleinheit ($\Delta K = I$) an Mehrproduktion (Mehroutput ΔO) erlauben würde. σ ist der Kehrwert des Kapitalkoeffizienten k, der als technisch bestimmte Relation die Menge von Kapital festlegt, die für die Produktion einer (zusätzlichen) Gütereinheit notwendig ist.

$$\sigma = \frac{\Delta O}{I} = \frac{\Delta O}{\Delta K}$$

Es gilt: $\Delta O = \sigma \cdot I$

d. h. die Zunahme des Produktionspotentials, also des potentiellen Güterangebots ergibt sich als Produkt von marginaler Produktivität des Kapitalzuwachses und Zunahme des Kapitalstocks durch die (neue) Investition (Kapazitätseffekt der Investition).

Im Gleichgewicht muß das vergrößerte Angebot (der Mehroutput) durch die Zunahme des Einkommens gekauft werden können, d. h. der Kapazitätseffekt der Investition muß gleich deren Einkommenseffekt sein. Der Einkommenseffekt ergibt sich aus der Multiplikatorformel (s. Kap. III).

Es gilt: $\Delta Y = \Delta O$, also $\frac{1}{s} \Delta I = \sigma \cdot I$

Wie die Formel zeigt, kann die durch I langfristig vergrößerte Produktionskapazität (ΔO) nur ausgelastet werden, wenn die Investition laufend erhöht wird (durch ΔI), um den zur Nachfrage notwendigen Einkommenszuwachs (ΔY) zu erzeugen: Wachstum muß ständig weiteres Wachstum nach sich ziehen, soll das Produktionspotential immer ausgelastet sein.

Wie wir sehen werden, stellt sich dieser Zusammenhang allerdings in der Realität keineswegs »dramatisch« dar: Wachstum entsteht zum großen Teil aus Strukturwandel und hat wenig mit einer bloßen Vermehrung von Gütermengen in gleichbleibender Qualität zu tun.

3. Strukturwandel und die langen Wellen der wirtschaftlichen Entwicklung

Empirische Analysen des Wachstums entwickelter Volkswirtschaften zeigen, daß die Wachstumsrate des Kapitalstocks meist über der Wachstumsrate des Arbeitspotentials lag und als Ergebnis die Kapitalintensität der Produktion ständig stieg. Eine ständige, *relative* Vergrößerung des Kapitalstocks kann jedoch aus Sicht der Unternehmer nur sinnvoll sein, wenn die neu hinzukommenden Kapitalgüter »produktiver« als die alten waren, d. h. wenn neben der vermehrten Kapitalmenge noch ein weiterer Faktor wirkte.

Die Erhöhung der Kapitalproduktivität wird durch den technischen Fortschritt ausgelöst, wobei auch die sonstigen Produktionsbedingungen verändert werden. Technischer Fortschritt besteht nicht nur in der Anwendung neuer Produktionsverfahren, (bezeichnet als Prozeßinnovation), sondern auch in der Entwicklung neuer oder stark verbesserter Güter (bezeichnet als Produktinnovation).

Bei den Bestimmungsfaktoren des Wirtschaftswachstum (oben, Abschnitt 2) hatten wir bereits das Zusammenspiel von Nachfrage- und Angebotsfaktoren erwähnt, das für die Produktion von mehr und verbesserten oder neuen Gütern verantwortlich ist: Wirtschaftliches Wachstum ist ohne Strukturwandel nicht möglich. Strukturwandel, der sich aus der Produktion verbesserter oder neuer Güter (Produktinnovationen) ergibt, wird mit Recht als Hauptquelle wirtschaftlichen Wachstums bezeichnet. Der spätere Wirtschafts-Nobelpreis-Träger (1971) Kuznets war (1930) einer der ersten Ökonomen, der sich intensiv mit der Beobachtung beschäftigte, daß wirtschaftliches Wachstum sich nie kontinuierlich vollzieht, sondern daß sich, über die konjunkturellen Schwankungen des Volkseinkommens hinaus, auch langfristig auf der Ebene von Wirtschaftssektoren, bzw. Industriezweigen immer einige Sektoren schneller entwickelten als andere und daß die dabei führenden Sektoren im Zeitablauf

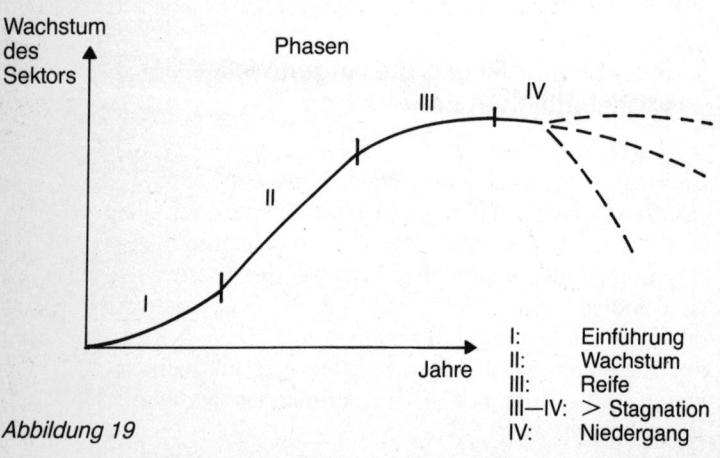

Abbildung 19

132

wechseln. Die S-förmige Wachstumskurve eines Sektors wurde dann von einigen Autoren als *»Gesetz des industriellen Wachstums«* bezeichnet.

Bereits Kuznets hat als Bestimmungsgründe des Wachstums eines Sektors hervorgehoben:

a) Bevölkerungswachstum

b) Änderungen der Nachfrage und

c) den technischen Fortschritt

Für abnehmende Wachstumsraten wurden als Einflußfaktoren genannt:

a) eine abnehmende Rate des technischen Fortschritts

b) der Konkurrenzdruck neuer schnell wachsender Sektoren und die neu entstehende Konkurrenz im gleichen Sektor aus anderen Ländern

c) das mit steigendem Niveau der Sektoraktivitäten immer knapper werdende verfügbare Kapital für weitere Expansion.

Es läßt sich zeigen, daß sich aus der zeitlichen Abfolge und Überlagerung von Sektorzyklen des beschriebenen Typs *»lange Wellen der wirtschaftlichen Entwicklung«* ergeben. (Man ver-

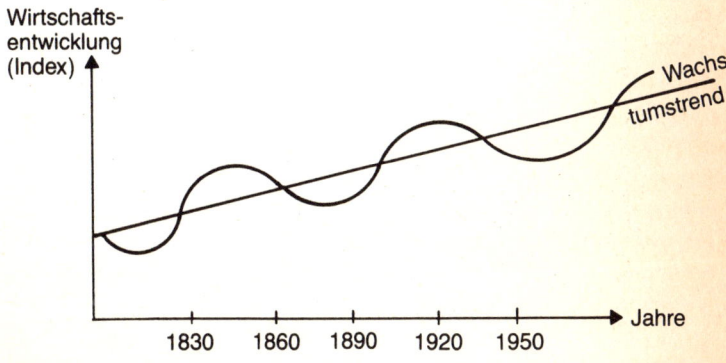

Abbildung 20

wendet für das Ergebnis der Überlagerung von Wachstum und Strukturwandel oft den Ausdruck »wirtschaftliche Entwicklung« statt Wirtschaftswachstum).

Die Regelmäßigkeit der Entwicklung, die die Bezeichnung »lange Wellen« rechtfertigt, wurde mit dem regelmäßigen Auftreten von Basisinnovationen und der anschließenden Häufung ihrer wirtschaftlichen Nutzung begründet. Zum Beispiel nennt Schumpeter (1939) in seiner historischen Analyse als solche in den Wirtschaftskreislauf eingeführte Basisinnovationen, die den Aufschwung auslösten:

1787—1800: Baumwollindustrie, Eisen, Dampfkraft.
1843—1857: Eisenbahnbau
1898—1911: Elektrotechnik, Automobil

Für den Aufschwung in den 50er Jahren kommen Radio und Fernsehen, die chemische und Chemiefaserindustrie in Betracht, und jetzt werden Hoffnungen auf eine lange Aufschwungperiode durch die Einführung der Mikroelektronik in alle Wirtschaftsbereiche gesetzt. Auch wenn die wellenförmige Regelmäßigkeit der Entwicklung und insbesondere die zeitliche Einordnung von Wirtschaftsforschern häufig bestritten wird, so bleibt doch als Tatsache, daß sich auch *langfristig* wirtschaftliche Aufschwung- und Abschwungphasen zeigen.

Bereits Schumpeter hatte als treibende Kraft hinter den Aufschwüngen in den »langen Wellen wirtschaftlicher Entwicklung« den dynamischen Unternehmer beschrieben. Die Innovationstätigkeit dynamischer Unternehmer wird auch heute wieder von vielen Ökonomen als potentieller Auslöser für eine langfristige Prosperitätsphase der Wirtschaft hervorgehoben. Welche Rolle die (produzierenden) Industriesektoren dabei in entwickelten Industriegesellschaften überhaupt noch spielen, ob Innovationen (von Unternehmern) im sich immer stärker ausdehnenden Dienstleistungsbereich der Wirtschaft (der allerdings oft wechselseitig mit den produzierenden Sektoren verflochten ist) Anstoßwirkungen für die Gesamtwirtschaft haben können, also ob »lange Wellen der wirtschaftlichen Entwicklung« sich auch in einer möglichen »postindustriellen« Gesellschaft fortsetzen werden, bleibt auch unter Wirtschaftswissenschaftlern der Spekulation überlassen.

4. Wachstumslenkung und Gestaltung des Strukturwandels: Die Problematik staatlicher Interventionen

Strukturen der Wirtschaft und ihr Wandel sind zunächst Ergebnis des Marktmechanismus, der in der sozialen Marktwirtschaft allerdings durch wirtschaftspolitische Eingriffe beeinflußt ist. Wieweit die staatlichen Interventionen auch in die Struktur der Wirtschaft eingreifen sollen oder dürfen, ob also aktive Strukturpolitik (als Ablaufpolitik, vgl. Kapitel IV) in der sozialen Marktwirtschaft erlaubt oder gar notwendig ist, wird von Volkswirten und Wirtschaftspolitikern sehr kontrovers diskutiert. Gegen eine aktive Strukturpolitik sprechen sich die Ökonomen aus, die dem Staat die Voraussicht in zukünftige Entwicklungen nicht zutrauen und die in einer konsequenten Wettbewerbspolitik die einzige Möglichkeit sehen, den Strukturwandel entsprechend den Wünschen der Konsumenten ablaufen zu lassen.

Für eine aktive Strukturpolitik sprechen sich alle die Ökonomen aus, die Mängel des Marktes vermuten und die für die Gestaltung einer gesellschaftlich optimalen Wirtschaftsstruktur strukturpolitische Interventionen des Staates für erforderlich halten.

Im Prinzip kaum umstritten ist eine Strukturpolitik, die eine sozial verträgliche Anpassung schrumpfender Wirtschaftszweige, insbesondere in bezug auf den Abbau der Beschäftigung, ermöglichen soll, und ebenso ist prinzipiell akzeptiert, daß Strukturpolitik nicht zur langfristigen Erhaltung von Wirtschaftsstrukturen führen darf, die sich im Wettbewerb auf den Märkten mit ihrer Produktion nicht behaupten können.

Inwieweit eine Beeinflussung des wirtschaftlichen Wachstums und des Strukturwandels zum Schutz der Umwelt notwendig ist, wird in einem gesonderten Kapitel VIII behandelt.

In der wirtschaftspolitischen Praxis häufig versucht, von Ökonomen meist jedoch mit Mißtrauen betrachtet wird eine staatliche Strukturpolitik; die sich die Förderung des marktwirtschaftlichen Strukturwandels zum Ziel setzt. Eine solche Politik, die in einigen Ländern auch mit spezifischen Zielen als Industriepolitik betrieben wird, konzentriert sich im großen und ganzen auf eine Förderung des technischen Fortschritts, d. h. besteht in der direkten und indirekten Förderung von Innovationen. Indirekt ist der Ansatzpunkt bei der Förderung von Forschung und Entwicklung, mehr oder weniger direkt sind die staatlichen Interventionen im Rahmen der Technologiepolitik. Als allgemeine Begründung staatlicher Innovationsförderung dient die Behauptung, daß der Marktwettbewerb langfristige Forschungsarbeiten nicht zulasse und das private Risikokapital einzelner Unternehmen dafür nicht ausreiche. Allerdings können die Befürworter einer Forschungs- und Technologiepolitik zur Förderung des Strukturwandels keine befriedigende Antwort auf die Frage geben, woher die staatliche Bürokratie Informationen zur Auswahl zukunftsträchtiger Projekte erhalten kann. Das Scheitern der Förderpolitik bestimmter Atomkrafttechnologien (»schneller Brüter«), die Unterschätzung der Bedeutung der Mikroelektronikentwicklungen und anderes lassen zum Beispiel eine Überlegenheit staatlicher Voraussicht gegenüber der Privatwirtschaft nicht erkennen.

VII. Die Vorteile des Außenhandels und der Europäische Binnenmarkt

1. Gründe und Vorteile des Außenhandels

Jeder von uns weiß, daß viele der in Deutschland angebotenen Güter aus dem Ausland importiert werden. Die Gründe sind sehr unterschiedlich. Bananen und Kokosnüsse wachsen in unserem Klima nicht, Gold und Diamanten sind als Bodenschätze nicht zu finden. Außenhandel ist also notwendig, weil die vorhandenen natürlichen Gegebenheiten zur Produktion, das Klima, die Rohstoffe und Energieträger, von Land zu Land unterschiedlich sind.

Französische Mode, französische Lebensmittel usw. sprechen bestimmte Nachfragegruppen in anderen Ländern an. Außenhandel entsteht also auch durch die Vielfalt spezifischer Produkte und die Verschiedenheit der Präferenzen der Verbraucher in unterschiedlichen Ländern (Regionen). Krisenhafte Wirtschaftsentwicklungen in Ländern Osteuropas haben die Einfuhr von Nahrungsmitteln nötig gemacht: Außenhandel überbrückt kurzfristig auftretende Produktionsengpässe in einem Land. Japan ist führend bei der Mikrochip-Entwicklung. Der Vorsprung eines Landes bei der technischen Entwicklung, die Erfindung neuer Produkte, führt dazu, daß andere Länder sich durch Außenhandel die neuen Güter beschaffen müssen, solange ihnen das zur Produktion notwendige Wissen nicht verfügbar ist. Die fehlenden Produktionsmöglichkeiten des Importlandes, weil bestimmte Produktionsvoraussetzungen nicht verfügbar sind, sind das gemeinsame Merkmal der bisher genannten Gründe für Außenhandel. Aber es gibt noch weitere Gründe.

Grundsätzlich beginnt ein internationaler (oder interregionaler) Austausch von Gütern und damit Außenhandel, wenn bei den gleichen Gütern in verschiedenen Ländern relative Preisunterschiede bestehen: Statt alle Güter im eigenen Land zu produzieren, kauft man die relativ billigeren Güter im Ausland. (Wenn bestimmte Güter nur in einigen Ländern produziert werden können, haben diese gegenüber den anderen Ländern einen [theoretischen] unendlich großen relativen Preisvorteil).

Da Außenhandel nicht von Unterschieden bei den absoluten Preisen, sondern von unterschiedlichen Preisrelationen der Güter in den einzelnen Ländern abhängig ist, spielen Wechselkurse hier noch keine Rolle. Relative Preise sind das Preisverhältnis jeweils zweier Güter und lassen sich auch als Verhältnis von Gütermengen schreiben, wie im folgenden gezeigt wird.

Die Preise der Güter x_1 und x_2 geben jeweils den DM-Betrag pro Mengeneinheit dieser Güter an:

$$\frac{P_1}{P_2} = \frac{DM/x_1}{DM/x_2} = \frac{x_2}{x_1}$$

Der relative Preis $\frac{P_1}{P_2} = \frac{x_2}{x_1}$ ist also gleich der Gütermenge des Gutes x_2, die man für eine Mengeneinheit des Gutes x_1 eintauschen kann.

Relative Preisunterschiede zwischen gleichen Gütern, die in verschiedenen Ländern produziert werden, treten vor allem wegen komparativer Kostenunterschiede auf. Komparative Kostenunterschiede ergeben sich,

1. wenn die eingesetzten Produktionsfaktoren in den verschiedenen Ländern unterschiedliche Qualitäten haben: Das Land hat komparative Vorteile bei der Produktion der Güter, für die es die fähigeren oder besser ausgebildeteren Arbeitskräfte, die qualitativ bessere Kapitalausstattung und/oder die kostengünstigeren, weil technisch fortschrittlicheren Produktionsverfahren hat: Die Produktivität des Landes ist dann insgesamt bei der Herstellung dieser Güter höher. Es entstehen aus den komparativen Kostenvorteilen komparative Preisvorteile, die Außenhandel lohnend machen. Wie durch Außenhandel beide Länder gewinnen, soll folgendes *Beispiel* zeigen:

Zwei Länder (oder Regionen) A und B können auf Grund der gegebenen Produktivität ihrer Produktionsfaktorenausstattung annahmegemäß jeweils in je 10 Arbeitstagen folgende Mengen der Güter x_1 und x_2 produzieren.

Arbeitstage in der Ausgangslage				Arbeitstage bei Spezialisierung	
LAND	je x_1	je x_2	Opportunitätskosten (Gütermengenrelation)	x_1	x_2
A	8	12	$3\,x_1 : 2\,x_2$	20	0
B	4	2	$1\,x_1 : 2\,x_2$	0	6
Gütermengen	$2x_1$	$2x_2$	Gütermengen bei Spezialisierung	$2,5x_1$	$3x_2$

In der Ausgangslage erhält man also im Land A für 1 x_1 2/3 x_2, für 1 x_2 3/2 x_1, im Land B für 1 x_1 nur 2 x_2 und für 1 x_2 1/2 x_1.

Land (Region) B ist bei der Produktion beider Güter absolut überlegen, dort würden bei gleichem Arbeitseinsatz (Kosten) von *beiden* Gütern größere Mengen produziert. Land B hat jedoch einen komparativen Vorteil bei der Produktion von Gut x_2, Land A ist bei Gut x_1 relativ weniger unterlegen. Wenn sich Land B auf die Produktion von Gut x_2 spezialisiert, also die 6 Arbeitstage nur für x_2 nutzt, und Land A seine 20 Arbeitstage bei Gut x_1 einsetzt, ergeben sich die in der Tabelle in der Rubrik Spezialisierung angegebenen Gütermengen: Insgesamt ist die vorhandene Menge beider Güter größer als die Summe der in der Ausgangslage von jedem Land produzierten $2x_1$ und $2x_2$. Jetzt ist jedoch Außenhandel (oder interregionaler Handel) nötig, damit Land B das ebenfalls nachgefragte aber nicht produzierte Gut x_1, Land A das Gut x_2 eintauschen können. Land A wird für eine Einheit x_2 an Land B mindestens 1/2 Einheit x_1 (und höchstens 3/2 x_1) abgeben müssen, Land B für eine Einheit x_1 Land A mindestens 2/3 Einheiten x_2 (und höchstens 2 x_2) zum Tausch anbieten müssen. Welche Preise sich für beide Güter bei Außenhandel letztlich ergeben werden, läßt sich hier noch nicht sagen, dazu wären unter anderem Informationen über die Nachfrage in beiden Ländern nötig.

Das Beispiel zeigt ganz klar, daß *nach dem Tausch* beide Länder in der Spezialisierungssituation immer noch über größere Gütermengen verfügen können als in der Ausgangssituation vor Außenhandel. Man sagt auch: Durch den Außenhandel kann ein Land die Beschränkungen durch die Produktionsmöglichkeiten seiner eigenen (inländischen) Produktionsausstattung erweitern, indem es sich auf die Produktion der Güter spezialisiert, bei der es komparative Kostenvorteile und damit relative Preisvorteile hat, und die anderen im Inland nachgefragten Güter aus dem Ausland importiert.

Komparative Kostenvorteile eines Landes durch eine höhere Produktivität bei der Produktion ergeben sich auch bei den Gütern,

2. die in größerer Menge — bei Massenproduktion — kostengünstiger produziert werden können, was vor allem dann der Fall sein wird, wenn man bereits im eigenen Land einen großen inländischen Markt versorgen kann.

Die bisher genannten Gründe für komparative Kostenunterschiede als Ursache des Außenhandels ergaben sich aus Produktivitätsunterschieden bei der Produktion gleicher Güter, d. h. Unterschieden der Effizienz der Produktionstechniken in verschiedenen Ländern. Komparative Kostenunterschiede zwischen verschiedenen Ländern als Ursache des Außenhandels ergeben sich aber auch bei gleich effizienten Produktionstechniken in den Ländern

3. durch verschiedene Mengenverhältnisse der jeweils vorhandenen Produktionsfaktoren. Ein Land, das eine große Zahl von Arbeitskräften im Verhältnis zur Kapitalausstattung hat, wird komparative Kostenvorteile dann ausnutzen können, wenn es vor allem Güter produziert, bei denen die Arbeitskraft relativ intensiv genutzt wird (Faktorproportionentheorie). Allgemein: Relativ arbeitsreiche Länder (Regionen) werden arbeitsintensive Produkte im Austausch gegen kapitalintensive Güter exportieren, während relativ kapitalreiche Länder kapitalintensive Güter exportieren und arbeitsintensive Güter importieren werden. Durch eine solche Spezialisierung wird in jedem Land der relativ teurere Faktor relativ eingespart und somit die relative

Knappheit des knappen Faktors verringert. Im kapitalreichen Land steigt durch die (teilweise) Spezialisierung auf das kapitalintensive Gut der Zins relativ zum Lohn, im arbeitsreichen Land wird durch die Produktion des arbeitsintensiven Produkts die Arbeit relativ knapper, der Lohn steigt relativ zum Zins.

Der Außenhandel führt somit zu einer Angleichung der Faktorpreise, von Lohn und Zins, in beiden Ländern (Regionen) (Faktorpreisausgleichstheorem), auch wenn Kapital und Arbeit immobil sind, d. h. nicht in das Land (die Region) mit der jeweils höheren Entlohnung bzw. Verzinsung wandern können. Die komparativen Kostenvorteile der jeweiligen Länder drücken sich in den relativen Preisen der gehandelten Güter aus. Der in der Ausgangssituation in beiden Ländern unterschiedliche relative Güterpreis muß sich bei freiem Außenhandel ausgleichen und die Angleichung der Lohn-Zins-Relation begleiten.

Bei der Erklärung von Außenhandelsströmen in der Realität durch die eben behandelte Faktorproportionentheorie wird man vor allem beachten müssen, daß der Produktionsfaktor Arbeit je nach der Ausbildung so unterschiedlich sein kann, daß man ihn in mehrere Faktoren, z. B. in wenig qualifizierte Arbeitskräfte und hochqualifizierte Arbeitskräfte aufspalten, und die relativen Unterschiede der Mengen verschiedener Arbeitskräftekategorien in den verschiedenen Ländern (Regionen) berücksichtigen muß.

Fehlende natürliche Produktionsvoraussetzungen in einzelnen Ländern oder die Ausnutzung der vorteilhafteren (kostengünstigeren) Produktionsausstattung einiger gegenüber anderen Ländern sind auf der Angebotsseite der Wirtschaft als Gründe für Außenhandel geschildert worden. Außenhandel kommt jedoch auch durch relative Nachfrageunterschiede in verschiedenen Ländern zustande, die zu relativen Preisunterschieden für gleiche oder ähnliche Güter führen. Ein Land, in dem ein Gut relativ weniger nachgefragt wird, hat unter sonst gleichen Umständen Preisvorteile, die zu Außenhandel mit den Ländern führen, wo das Gut wegen anderer Präferenzen der Konsumenten relativ begehrter ist.

Unterschiedliche Wünsche der Nachfrager und Vorlieben der Verbraucher in verschiedenen Ländern führen dazu, daß eine Vielzahl differenzierter Güter produziert werden, deren jeweilige Preisunterschiede zu Außenhandel führen können. Wünsche der Nachfrager nach einer Differenzierung der Produkte entstehen natürlich auch teilweise erst in Verbindung mit Unternehmensstrategien zur Schaffung von unterschiedlichen Teilmärkten für ein zunächst *sehr* ähnliches Produkt. Auf jeden Fall ist die Differenzierung der Nachfragerwünsche und der Produkte ein wesentlicher Grund des Außenhandels zwischen hochentwickelten Industrieländern: Hier finden Exporte und Importe im hohen Maße innerhalb der gleichen Güterkategorie statt (intrasektoraler Handel). Der Export und Import von Autos, z. B. zwischen Frankreich, Italien und Deutschland ist ein gutes Beispiel, wie Produktvielfalt und differenziertes Nachfrageverhalten den Außenhandel fördern.

2. Wirtschaftsverflechtungen mit dem Ausland: Die Zahlungsbilanz

Die Zahlungsbilanz einer Volkswirtschaft dient zur nachträglichen statistischen (ex-post)-Erfassung der Wirtschaftsverflechtungen mit dem Ausland. In der Zahlungsbilanz eines Landes werden systematisch alle wirtschaftlichen Transaktionen zwischen Inländern und Ausländern für ein Jahr aufgezeichnet. Als Inländer im Sinne der Zahlungsbilanzstatistik gelten alle natürlichen Personen mit ständigem Wohnsitz im Inland und alle anderen Wirtschaftseinheiten (einschl. Zweigniederlassungen von Unternehmen in ausländischem Eigentum), soweit der Schwerpunkt ihrer Wirtschaftätigkeit im Inland liegt. (Im Inland wohnende ausländische Arbeitnehmer sind zahlungsbilanzstatistisch also Inländer.)

Zahlungsbilanztransaktionen werden zu folgenden Kategorien zusammengefaßt:

— Waren und Dienstleistungsverkehr

— Übertragungen (unentgeltliche Leistungen)

— Kapitalverkehr im engeren Sinn

— Transaktionen der Bundesbank (Veränderung der Auslandsposition der Bundesbank)
— spezielle Posten

Den genannten Kategorien von Transaktionen entsprechen die Teilbilanzen der Zahlungsbilanz. Nach den Regeln der doppelten Buchhaltung werden alle Transaktionen prinzipiell zweimal in der Zahlungsbilanz erfaßt. Die Buchungen sind entweder Buchungen von Leistungstransaktionen oder Buchungen von Finanztransaktionen. Die folgenden Tabellen zeigen die Teilbilanzen der Zahlungsbilanz, mit den Transaktionen, die zu Zahlungseingängen führen (können) auf der Haben-(Aktiv-)Seite und den Transaktionen, die zu Zahlungsausgängen führen (können) auf der Soll-(Passiv-)Seite der Konten. Die Zahlen beziehen sich auf das Jahr 1990 für die Bundesrepublik Deutschland, ab Juli 1990 einschließlich der Transaktionen des Gebiets der ehemaligen DDR mit dem Ausland und sind entnommen den Statistischen Beiheften zu den Monatsberichten der Deutschen Bundesbank — Reihe 3 — Zahlungsbilanzstatistik März 1991. (Alle Angaben erfolgen in Milliarden DM, gerundet.)

Handelsbilanz

Zahlungsausgänge		Zahlungseingänge	
Warenimporte	557	Warenexporte	662

Fast die Hälfte der Exporte und Importe entfällt auf die EG-Mitgliedsländer.

Dienstleistungsbilanz

Dienstleistungsimporte (Ausgaben)	204	Dienstleistungsexporte (Einnahmen)	210
darunter		darunter	
Reiseverkehrsausgaben	49	Reiseverkehrseinnahmen	17

Man bezeichnet die Dienstleistungstransaktionen auch als unsichtbare Exporte und Importe. Neben dem Reiseverkehr gehören dazu v. a. Transportleistungen, Kapitalerträge (z. B. Zinsen und Dividenden), Lizenzen und Patente, Einkommen von Grenzpendlern und die Ausgaben für die Stationierungsstreitkräfte.

In der ökonomischen Theorie wird der Saldo der Handels- und Dienstleistungsbilanz (Außenbeitrag) meist allein als Leistungsbilanzsaldo bezeichnet. Die Bundesbank setzt die Leistungsbilanz mit der Bilanz der laufenden Posten gleich, in der die Handels-, Dienstleistungs- und Übertragungsbilanz zusammengefaßt sind.

Übertragungsbilanz (Schenkungsbilanz)

Leistungen an das Ausland	66	Leistungen vom Ausland		28
darunter im öffentlichen Bereich				
an den EG Haushalt	23	darunter aus dem EG Haushalt		11
an Entwicklungsländer	4,9			
darunter im privaten Bereich				
Heimatüberweisungen der Gastarbeiter	7,5			

In der Übertragungsbilanz sind Transaktionen ohne Gegenleistung verzeichnet, deshalb spricht man auch von Bilanz der unentgeltlichen Übertragungen oder Schenkungsbilanz. Bei den privaten Übertragungen spielen vor allem die Überweisungen ausländischer Arbeitnehmer eine Rolle. Öffentliche Übertragungen umfassen u. a. Zuwendungen im Rahmen der Entwicklungshilfe, den größten Umfang haben jedoch die Beiträge an internationale Organisationen, insbesondere an die EG, und deren Zahlungen, in Verbindung meist mit bestimmten Förderprogrammen verschiedener EG-Fonds, v. a. des Agrarfonds.

Der Kapitalverkehr umfaßt alle Transaktionen, durch die Forderungen und Verbindlichkeiten von Inländern gegenüber Ausländern in ihrer Höhe und/oder Zusammensetzung geändert

werden. Schuldenaufnahme im Ausland, ausländische Nettoka-
pitalanlagen im Inland einschließlich Direktinvestitionen und
Kapitalrückzahlungen durch das Ausland führen zu Zahlungseingängen, und stehen deshalb auf der Habenseite der Bilanz.
Kreditgewährung an das Ausland, Direktinvestitionen im Ausland, Kauf ausländischer Wertpapiere von Ausländern und Kapitalrückzahlungen an das Ausland sind Kapitalexporte, die als
Zahlungseingänge auf der Sollseite der Kapitalverkehrsbilanz
gebucht werden.

Kapital(verkehrs)bilanz

langfristiger Kapitalverkehr		
Kapitalexport		Kapitalimport
(deutsche Anlagen im Ausland) 109		(ausländische Anlagen im Inland) 46
kurzfristiger Kapitalverkehr		
(Netto)kapitalexport 28		

Im weiteren Sinn gehören die Transaktionen der Bundesbank
ebenfalls zum Kapitalverkehr. Sie verändern die sogenannte
Netto-(weil als Saldo ausgewiesene)-Auslandsposition der Bundesbank. Veränderungen der Nettoauslandsaktiva der Bundesbank werden in der Devisenbilanz erfaßt, so genannt weil ihr
Saldo die Veränderung der (Netto-)Währungsreserven des
Landes darstellt. Die Nettowährungsreserven der Bundesbank
setzen sich zusammen aus dem Geldbestand, der Reserveposi-
tion (v. a. den Ziehungsrechten) im Internationalen Währungsfonds, Forderungen an den Europäischen Fonds für währungs-
politische Zusammenarbeit im Rahmen des Europäischen
Währungssystems (EWS) und dem Bestand an Devisen (v. a.
Dollarguthaben) und Sorten.

Devisenbilanz

Veränderung der Nettoauslandsaktiva der Bundesbank (Forderungen Zunahme +) + 5,8	

Die Veränderung der Netto-Auslandsaktiva der Bundesbank ist das Ergebnis der Veränderung ihrer Netto-Auslandsposition zwischen 1989: 48,3 Mrd. DM und 1990: 54,1 Mrd DM.

Die Auslandsposition der Deutschen Bundesbank 1990 ergab sich (in Mrd. DM) als Saldo aus

Währungsreserven und sonstigen Auslandsaktiva	106,4
darunter Gold	13,7
Devisen und Sorten	64,5
(davon in Dollar 64,4)	
und Auslandsverbindlichkeiten	52,3
Netto-Auslandsposition......................	54,1

Veränderungen der Auslandsposition der Bundesbank ergeben sich zum größten Teil aus Gegenbuchungen zu Bewegungen in der Handels-, Dienstleistungs-, Übertragungs- und Kapitalbilanz. Die übrigen Vorgänge, die nichts mit diesen Teilbilanzen zu tun haben, die Zuteilung von Sonderziehungsrechten beim IWF und Neubewertung (des DM-Wertes) von Devisenbeständen werden als Ausgleichsposten zur Auslandsposition gegengebucht.

Ausgleichsposten zur Ausgleichsposition der Bundesbank

Bewertungsvorgänge	5,1

Nach dem Prinzip der doppelten Buchhaltung müßten der Saldo der Bilanz der laufenden Posten und der Saldo der Kapitalbilanz zusammen dem Saldo der Devisenbilanz entsprechen. Diese buchhalterische Identität ist in der Realität insbesondere aus zwei Gründen nicht gesichert:

a) Die statistischen Unterlagen für eine doppelte Buchung sind zum Teil lückenhaft, zum Teil müssen sie geschätzt werden.

b) Die periodengerechte Zuordnung von Transaktionen (auf ein Jahr) bereitet Schwierigkeiten, weil mit Exporten und Importen verbundene Handelskredite getrennt davon und deshalb mit zeitlicher Verzögerung statistisch erfaßt werden.

Vor allem Verschiebungen der Zahlungsziele wirken sich in Ungenauigkeiten aus.

Als Folge der Ermittlungsfehler läßt sich der aus den Buchhaltungsprinzipien ergebende formelle Ausgleich der Zahlungsbilanz nur durch Einfügung eines Buchungspostens »ungeklärte Beträge« (Restposten oder Saldo der statistisch nicht aufgliederbaren Transaktionen) herstellen.

Saldo der statistisch nicht aufgliederbaren Transaktionen

Restposten	29	

Dieser Saldo ist mit rund 29 Mrd. DM 1990 sehr viel höher als in den vergangenen Jahren, in denen diese Restposten um 5 Mrd. DM schwankten.

Der beschriebene, durch die Buchhaltung rechnerisch erzwungene formelle Ausgleich der Zahlungsbilanz darf nicht mit einem materiellen Ausgleich der Zahlungsbilanz verwechselt werden, der in der wirtschaftspolitischen Diskussion wegen der makroökonomischen Zusammenhänge eine große Rolle spielt. Der materielle Zahlungsbilanzausgleich bezieht sich immer nur auf Salden von Teilbilanzen, z. B. der Leistungsbilanz.

Üblicherweise spricht man von einer ausgeglichenen Zahlungsbilanz, wenn der Saldo der Devisenbilanz Null ist, also die Netto-Auslandsposition der Bundesbank sich nicht verändert. Da ein Teil der Transaktionen der Zahlungsbilanz jedoch im Hinblick auf ihren Ausgleich erfolgen, wird von Außenwirtschaftstheoretikern vorgeschlagen, zwischen autonomen und zahlungsbilanzinduzierten Transaktionen zu unterscheiden.

Autonom sind die (privaten und öffentlichen) Transaktionen, die ohne Berücksichtigung der Zahlungsbilanzsituation erfolgen, zum Beispiel praktisch der gesamte Waren- und Dienstleistungsverkehr, aber auch der private Kapitalverkehr.

Zahlungsbilanzinduziert sind vor allem wirtschaftspolitische Maßnahmen staatlicher Stellen, die mit dem Ziel vorgenommen werden, den Saldo der autonomen Zahlungsbilanztransaktionen auszugleichen, z. B. Regierungsanleihen, Stützungsaktionen durch Kredite von Währungsbehörden. Von einem Ausgleich der Zahlungsbilanz spricht man bei einer solchen Unterscheidung nur im Hinblick auf die autonomen Transaktionen. Jedoch ist eine problemlose Unterscheidung von autonomen und induzierten Zahlungsbilanztransaktionen schwierig.

3. Wirkungen des Außenhandels auf die Volkswirtschaft und Mechanismen des Zahlungsbilanzausgleichs

Die güterwirtschaftliche Bedeutung einer ausgeglichenen Zahlungsbilanz läßt sich leicht an den volkswirtschaftlichen Kreislaufbeziehungen erkennen, die hier kurz in Erinnerung zu rufen sind (vgl. Kapitel III). Die Volkseinkommensgleichung für eine offene Volkswirtschaft ohne staatliche Aktivität lautet:

$$Y = C + I + (Ex - Im)$$

Wenn wir umformen, erhalten wir:

$$Y - C = I + (Ex - Im)$$
$$S = I + (Ex - Im)$$
$$S + Im = I + Ex$$

Investiert (I) und exportiert (Ex) werden kann in einer Volkswirtschaft nur das, was nicht konsumiert ($S = Y - C$) oder was importiert (Im) worden ist.

$$Y - C - I = Ex - Im$$

Wie die Gleichung zeigt, kann der Außenbeitrag (Ex — Im) (= Leistungsbilanzsaldo) nur positiv sein, wenn die Gesamtausgaben der Inländer für Konsum und Investition geringer sind als das geschaffene Volkseinkommen. Umgekehrt heißt das, daß bei einem Leistungsbilanzdefizit (wenn die Importe größer als die Exporte sind) das Volkseinkommen kleiner als die Gesamtausgaben für Konsum und Investition ist, die Inländer also mehr Güter in Anspruch nehmen, als ihnen im Rahmen der Entstehung des Volkseinkommens zur Verfügung gestellt werden: Diese Volkswirtschaft lebt güterwirtschaftlich »über ihre Verhältnisse«, das heißt »auf Kredit« anderer Volkswirtschaften. Im Prinzip kann eine Volkswirtschaft eine solche Situation langfristig nicht aufrechterhalten, weil andere Länder nicht ständig Kredit zum Ausgleich der Zahlungsbilanz gewähren werden. Eine gewisse Ausnahme bilden vielleicht die USA, solange viele Staaten (und Private) ihre (Währungs-)Reserven in Dollar anlegen. Ein Leistungsbilanzdefizit, durch das die erhöhte Investitionstätigkeit eines Landes finanziert wird, ist allerdings gerechtfertigt, wenn sich die Produktivität der Wirtschaft dadurch erhöht, so daß später das Defizit leicht ausgeglichen werden kann.

Im allgemeinen ist der Zahlungsbilanzausgleich ein wichtiges wirtschaftspolitisches Ziel eines Staates. In der Bundesrepublik Deutschland ist das »außenwirtschaftliche Gleichgewicht« als »im Rahmen der marktwirtschaftlichen Ordnung« anzustrebendes Ziel im Stabilitäts- und Wachstumsgesetz von 1967 genannt.

Ein Leistungsbilanzsaldo, d. h. die Differenz des Saldos von Export- und Importwerten in der Handels- und Dienstleistungsbilanz, wird von einer ganzen Anzahl volkswirtschaftlicher Faktoren beeinflußt und seine Wirkungen erstrecken sich auf viele volkswirtschaftliche Zusammenhänge. Da sich das Leistungsbilanzsaldo aus den mit Preisen bewerteten Export- und Importmengen ergibt, wird es zum einen durch Mengen- und Preisänderungen, zum anderen aber durch deren Bestimmungsgrößen, also Angebots- und Nachfragefaktoren auf den Inlands- und Auslandsmärkten beeinflußt. In der Volkswirtschaftslehre sind diese Ausgleichsmechanismen der Zahlungsbilanz mit vier (unterschiedliche Einflüsse betonenden) Erklärungszusammenhängen beschrieben, zu denen noch der Mechanismus flexibler Wechselkurse kommt, bei dem der Ausgleich über eine direkte Veränderung der nationalen (absoluten) Preise der Export- und Importgüter erfolgt.

Bei festen Wechselkursen ist ein automatischer Zahlungsbilanzausgleich

1. durch Anpassungen des Volkseinkommens möglich. Erhöht sich das Volkseinkommen im Ausland, wird man dort mehr importieren, d. h. im Inland steigen die Exporte. Durch einen dem Investitionsmultiplikator analogen Mechanismus führen die steigenden Exporte zur multiplikativen Erhöhung des Volkseinkommens. Der Wert des Exportmultiplikators hängt ebenso wie beim Investitionsmultiplikator von der Sparneigung ab (vgl. Kapitel III), zusätzlich aber auch von der Importneigung. Durch die mit steigendem Volkseinkommen steigenden Importe entfällt in dieser Höhe die Schaffung neuen Einkommens, sofern die steigenden Importe nicht gleichzeitig zum Beispiel zur Erhöhung der Investitionen führen. Die »Sickereffekte« des zusätzlichen Sparens und der zusätzlichen Importe bringen die durch zusätzliche Exporte angestoßene Volkseinkommenssteigerung zum Stillstand. Für das Ausland bedeuten die mit dem Volkseinkommen steigenden Importe im Inland allerdings zunehmende Exportmöglichkeiten. Der Zusammenhang von Volkseinkommensveränderung im Inland und Ausland mit Importen und Exporten führt also tendenziell zum Ausgleich von Leistungsbilanzsalden.

Ein automatischer Zahlungsbilanzausgleich bei festen Wechselkursen läßt sich auch

2. im Rahmen des Geldmengen-Preis-Mechanismus ableiten. Entsprechend der Quantitätstheorie (vgl. Kapitel V) des Geldes wird dabei ein Zusammenhang zwischen Geldmengen- und Preisniveauänderungen vorausgesetzt.

Wenn in einem Land Leistungsbilanzdefizite auftreten, muß die Zentralbank, um den Wechselkurs konstant zu halten, Devisen verkaufen. Damit entzieht sie dem Wirtschaftskreislauf (Zentralbank-)Geld. Nach der Quantitätstheorie führt eine Abnahme der Geldmenge zu einer proportionalen Senkung des Preisniveaus der Volkswirtschaft bei konstantem Produktionsvolumen. Im Ausland wird die dortige Zentralbank durch den Leistungsbilanzüberschuß zum Ankauf von Devisen gezwungen, muß also die (Zentralbank-)Geldmenge erhöhen. Dadurch kommt es — wieder gemäß der Quantitätstheorie — zu Preisniveausteigerungen. Preisniveausteigerungen im Ausland und Preisniveauabnahmen im Inland müssen dann (theoretisch) zu Ausgleichsbewegungen in den Leistungsbilanzsalden führen.

Mit Preisänderungen hängt ein weiterer Mechanismus des automatischen Ausgleichs der Leistungsbilanzen zusammen. Es können nämlich

3. auch Änderungen der relativen Preise Anpassungen der Leistungsbilanzen verursachen. Bei den Gründen für Außenhandel haben wir oben den Zusammenhang zwischen der Spezialisierung eines Landes bei der Produktion und den Preisrelationen der Güter abgeleitet. Ändern sich die komparativen Preisvorteile eines Landes, müssen sich auch Produktion und Außenhandelsströme anpassen. Zu Leistungsbilanzsalden kann es letztlich nicht kommen, da die dabei auftretenden Ungleichgewichte auf den jeweiligen Gütermärkten in In- und Ausland zu (Ausgleichs-)Verschiebungen der Relativpreise führen werden.

Voraussetzung für das Funktionieren dieses Mechanismus ist jedoch, daß die Leistungsbilanz »normal« auf die (Relativ-) Preisänderungen reagiert. Allgemein läßt sich sagen, daß die Leistungsbilanz sich immer verbessert (normal reagiert), wenn die Exportnachfrage elastisch ist, also der Exportwert steigt, weil die im Ausland nachgefragte Menge bei einer Preissenkung stärker steigt, als der Preis fällt. Bei unelastischer Exportnachfrage (Elastizität der Nachfrage kleiner 1) verbessert sich die Leistungsbilanz nur, wenn der Exportwert weniger sinkt als der Importwert (die mit dem Preis bewertete Importmenge).

Als vierter Mechanismus, der bei konstanten Wechselkursen zum automatischen Ausgleich eines Leistungsbilanzsaldos führen kann, sind zum Schluß noch

4. Kapitalbewegungen zu nennen. Kapitalexporte und Kapitalimporte ergeben sich u. a. aus dem Angebot und der Nachfrage nach inländischen und ausländischen Wertpapieren, die als Anlage neben Geld zur Verfügung stehen. Veränderungen des Gleichgewichts der Vermögensanlage in Geld und Wertpapieren können — bei ausreichender internationaler Kapitalmobilität — zu einer Ausgleichstendenz des Leistungsbilanzsaldos führen.

4. Wechselkurse und Devisenmarkt

Existieren unterschiedliche Währungen zwischen In- und Ausland, so wird sich ein Austauschverhältnis, genannt Wechselkurs, zwischen inländischer und ausländischer Währung bilden. Der Wechselkurs ist üblicherweise definiert als der Preis der ausländischen Währung ausgedrückt in Einheiten der inländischen Währung. Ein Dollar kostet zur Zeit (Juni 1991) knapp DM 1,80, d. h. der Preis (= Wechselkurs) einer Einheit des »Gutes Dollar« ist DM 1,80 (Dollarkurs).

Aufwertung und Abwertung einer Währung bedeuten eine Senkung bzw. Erhöhung des Wechselkurses. Leider wählt man in diesem Zusammenhang eine andere Schreibweise des Wechselkurses. Eine Aufwertung der DM gegenüber dem Dollar bedeutet, daß der Wert einer DM, ausgedrückt in Dollar, sinkt. Der Wechselkurs ist hierbei definiert als $/DM (DM-Kurs). Eine Aufwertung der DM, gleichbedeutend mit einer Abwertung des Dollar, führt also bei üblicher Definition DM/$ (Dollarkurs) zu einer Senkung des Wechselkurses. Man kann sich merken: Eine Aufwertung der DM verbilligt, d. h. senkt den Preis (in DM) der ausländischen Währung.

In Zusammenhang mit dem Handels-, Dienstleistungs- und Kapitalverkehr fließen Inländern Devisen zu und werden gleichzeitig von anderen Inländern nachgefragt. Devisenangebot und Devisennachfrage treffen sich auf dem Devisenmarkt.

Beim Gleichgewichts-Wechselkurs von w* (Abb. 21) sind Devisenangebot und Devisennachfrage gleich, die Leistungsbilanz ist ausgeglichen, (wobei wir hier den Einfluß der Kapitalbilanz vernachlässigen). Bei einem (staatlich festgesetzten) Wechselkurs w_2 wäre die Devisennachfrage größer als das Angebot; es müßte ein Leistungsbilanzdefizit vorhanden sein. Eine Abwertung der DM (= Aufwertung des Dollar, d. h. eine Erhöhung des Dollarpreises in DM) könnte unter Umständen zu einem Ausgleich führen. Der Wechselkurs w_1 hätte ein Überschußangebot von Devisen zur Folge, der Leistungsbilanzsaldo wäre positiv. Eine Aufwertung der DM könnte (im Normalfall) den Leistungsbilanzüberschuß verringern.

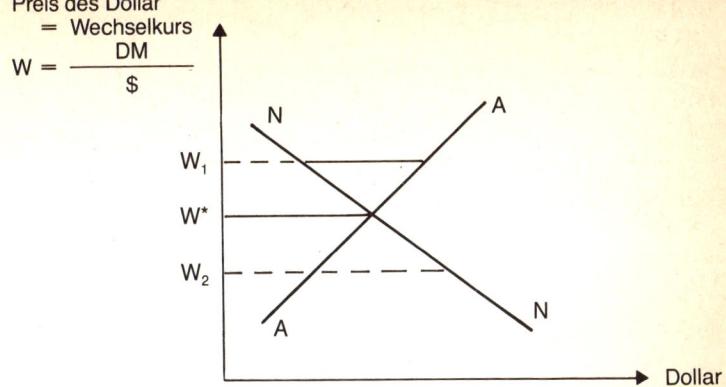

Abbildung 21 Devisenmarkt

Ob die jeweils erwähnte Reaktion der Leistungsbilanz bei einer Auf- bzw. Abwertung einer Währung auftritt, hängt von der Veränderung des Exportwertes und des Importwertes ab. Diese Wertgrößen sind bestimmt durch die Preise und die Mengen der Export- und Importgüter. Die Analyse des Zusammenspiels von Devisenangebot und Devisennachfrage auf dem Devisenmarkt genügt also nicht, der Devisenmarkt wird durch die Märkte für Export- und Importgüter bestimmt. Angebot- und Nachfrage nach einem Gut hängen im In- und Ausland zwar von Preisen in der jeweiligen Landeswährung ab, jedoch läßt sich jeder Preis über den gegebenen Wechselkurs in den Preis des anderen Landes umrechnen:

Es gilt

$p_I = w \cdot p_A$, z. B. $p_A = 5$ \$ sind bei $w = 1,8$ DM/\$: $p_I = 9$ DM.

Folgende Abb. 22a—c veranschaulichen den Zusammenhang der Gütermärkte im In- und Ausland für ein bestimmtes Gut.

Ohne Außenhandel ist das Gut im Ausland teurer (p_A) als im Inland (p_I).

Durch Außenhandel wird sich ein einheitlicher Markt ergeben, mit einem Preis p_E, der zwischen p_I und p_A liegt. Bei diesem

153

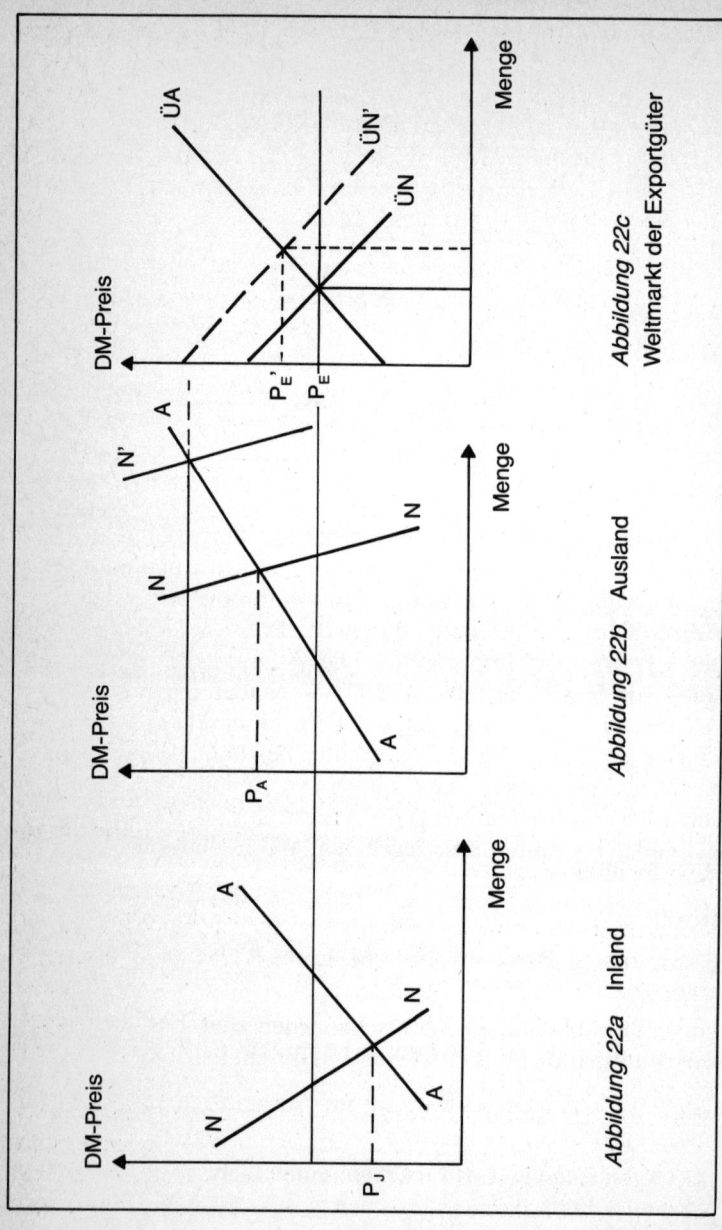

Abbildung 22a Inland

Abbildung 22b Ausland

Abbildung 22c Weltmarkt der Exportgüter

Preis p_E stimmt das Überschußangebot ÜA des Inlandes mit der Überschußnachfrage (ÜN) des Auslandes überein, wie in Abb. 22c dargestellt ist. ÜA ist die Kurve des inländischen Exportangebots, die man aus der Differenz von Angebot und Nachfrage bei alternativen Preisen in Abb. 22a ableitet. Ebenso erhält man die Kurve der Exportnachfrage (ÜN) aus den Nachfrageüberschüssen des Auslands (Abb. 22b).

Wenn man sich statt eines einzelnen Gutes das Bündel aller Exportgüter vorstellt, kann man obige Überlegungen allgemein auf die Frage nach der Veränderung des Exportwertes bei Wechselkursänderungen anwenden. Bei einer Abwertung der DM, also einer Erhöhung des DM-Preises für einen Dollar (Dollarkurs) verschiebt sich die Kurve der Exportnachfrage nach rechts (ÜN' in Abb. 22c): Durch die Abwertung der DM müssen die Ausländer für die DM und damit auch für die Inlandsgüter weniger Dollar zahlen. Die Kurve des Exportangebots bleibt konstant, da das Angebot des Inlands vom unveränderten inländischen DM-Preis abhängig ist.

Die Wirkungen der Abwertung zeigen sich in Abb. 22c. Der Gleichgewichtspreis p_E auf dem Exportmarkt ist durch den Gleichgewichtspreis p_E' ersetzt, er ist höher, und außerdem ist die Menge der Exportgüter größer geworden: Der Exportwert ist gestiegen. Man kann sich selbst überzeugen, daß das Ausmaß der Erhöhung des Exportwertes von der Steigung (Steilheit) der Kurve der Exportnachfrage (ÜN) abhängt und mit zunehmender Elastizität (Flachheit der Kurve) der Exportnachfrage zunimmt.

Wechselkursänderungen beeinflussen über ihre Wirkung auf die absoluten Preise (im In- und Ausland) der Außenhandelsgüter auch das reale Tauschverhältnis (terms of trade). Die terms of trade geben bei nur zwei Gütern an, welche Mengen des Importgutes ein Land durch Hergabe einer Einheit des Exportgutes erhalten kann. Im Mehr-Güter-Fall werden die terms of trade (t.o.t.) durch das Verhältnis des Index der Ausfuhrpreise zum Index der Einfuhrpreise jeweils in der Währung des betrachteten Landes (z. B. in DM) ausgedrückt. Steigen die Ausfuhrpreise bei konstanten oder sinkenden Einfuhrpreisen oder sinken die Einfuhrpreise bei konstanten Ausfuhrpreisen, verbessern sich die t.o.t., weil für die gleiche Exportgütermenge mehr Importgüter eingeführt werden können.

Auf den Devisenmarkt wirken sich nicht nur Leistungsbilanztransaktionen, sondern auch der Kapitalverkehr aus. Die Anpassungsvorgänge auf den Finanz-(Kapital-)Märkten (über z. B. Änderungen von Zinssätzen und Wechselkursen) laufen viel schneller als auf den Gütermärkten (z. B. den Import- und Exportgütermärkten) ab. Kapitaltransaktionen internationaler Anleger können in ganz starkem Maße Angebot und Nachfrage auf den Devisenmärkten beeinflussen und starke Wechselkursschwankungen auslösen. Wie am Beispiel der Dollarbewegung zu sehen ist, bekommen Finanzmarkttransaktionen damit auch großen Einfluß auf die Handelsströme, der sich zum Teil sogar auf ganze Wirtschaftssektoren einzelner Volkswirtschaften auswirkt. Die geschilderten Zusammenhänge können durchaus als ein Nachteil des Systems flexibler Wechselkurse gesehen werden.

Der Wechselkurs wurde als Preis zweier Währungen bezeichnet, der sich aus Angebot und Nachfrage auf dem Devisenmarkt ergibt. Wir haben eingehend den Einfluß der Export- und Importgütermärkte auf den Devisenmarkt beschrieben. Zum Schluß müssen wir noch eine häufig genannte Theorie darstellen, die Veränderungen des Wechselkurses auf besonders einfache Art erklären will. Die Kaufkraftparitätentheorie behauptet, daß sich der Wechselkurs entsprechend der unterschiedlichen Entwicklung der Kaufkraft in beiden Ländern verändern wird. Ausgangspunkt ist folgende Tatsache: Nach Aufnahme von Außenhandel kann für die gehandelten Güter jeweils nur ein einheitlicher Preis (abgesehen von den Transportkosten) im In- und Ausland (jeweils für das gleiche »Güterbündel«) existieren. Inlands- (p_I) und Auslandspreis (p_A) lassen sich durch den Wechselkurs umrechnen:

$$p_I = w \cdot p_A.$$

Sieht man von anderen Einflußfaktoren der Güterpreise (indem man eine exogene Entwicklung unterstellt) und von den

Preisen nicht handelbarer Güter ab, so bleibt für den Ausgleich der Güterpreise zwischen In- und Ausland nur eine Veränderung des Wechselkurses.

$w = \dfrac{p_1}{p_A}$ ergibt in Veränderungsraten (Δ) geschrieben:

$$\frac{\Delta w}{w} = \frac{\Delta p_1}{p_1} - \frac{\Delta p_A}{p_A}$$

Das heißt: Der Wechselkurs verändert sich gemäß den Unterschieden in den Preisniveauentwicklungen von In- und Ausland.

Wechselkurse können nur dann auf den Devisenmärkten bestimmt werden, wenn nicht ein System fixer, sondern flexibler Wechselkurse existiert. Das gegenwärtige Wechselkurssystem in Europa stellt ein Mischsystem dar, es existieren nicht generell flexible Wechselkurse. Innerhalb des europäischen Währungssystems (EWS) bestehen seit März 1979 relativ feste interne Austauschrelationen (Währungsparitäten), gegenüber dem Dollar und anderen Außenwährungen gibt es jedoch eine freie Wechselkursbildung. In der europäischen Währungseinheit (European Currency Unit: ECU) sind die Währungen der 12 EG-Staaten mit bestimmten Anteilen (je nach wirtschaftlicher Bedeutung) und bestimmten Währungsleitkursen zusammengefaßt. Ein ECU ist somit ein Korb aus verschiedenen (europäischen) Währungen in jeweils festen Anteilen. Die DM ist mit einem Gewicht von rund 30 % in diesem Währungskorb vertreten, der Wechselkurs beträgt zur Zeit (Juni 1991) rund DM 2,— pro ECU.

Sehr unterschiedliche wirtschaftliche Entwicklungen, insbesondere unterschiedliche Steigerungen der Preisniveaus in den einzelnen EG-Ländern können zu Überschreitungen der intern festgelegten Schwankungsbreiten (im allgemeinen +/− 4,5 %) zwischen einzelnen Währungen im EWS führen. Die Zentralbanken sind dann verpflichtet, den Wert ihrer Währung durch Interventionen auf dem Devisenmarkt zu stützen. Gelingt dies nicht, ist die Anpassung der betroffenen Leitkurse erforderlich.

5. Integration von Volkswirtschaften: Die Vorteile des europäischen Binnenmarkts

Integration von Volkswirtschaften bedeutet die kontinuierliche Abschaffung ökonomischer Grenzen. Das Ziel ist ganz allgemein die Erhöhung der Wohlfahrt der beteiligten Volkswirtschaften. Neben rein wirtschaftlichen Zielen kann ökonomische Integration jedoch auch den Abbau internationaler Konflikte fördern.

Integration von Volkswirtschaften heißt für den Ökonomen vor allem Integration von Märkten, von Gütermärkten und Märkten für Produktionsfaktoren. Bei der Darstellung der Gründe und Vorteile des Außenhandels im ersten Abschnitt dieses Kapitels wurden bereits die entscheidenden ökonomischen Argumente für **freien Handel von Waren und Dienstleistungen** genannt. Freier, nicht durch Grenzen behinderter Handel — der ökonomisch nicht Außenhandel zwischen sich abgrenzenden Nationen, sondern Handel zwischen Regionen entspricht — ist Voraussetzung der Spezialisierung und fördert die Spezialisierung, ermöglicht die Ausnutzung der komparativen Vorteile der einzelnen Regionen und damit die relativ kostengünstigste Produktion, vergrößert dabei die Produktionsmöglichkeiten im Gesamtraum, erlaubt dem Verbraucher die Entscheidung für das relativ preisgünstigste Produkt und erhöht seine Auswahl auf dem erweiterten Markt.

Freie — interregionale — **Bewegungen der Produktionsfaktoren,** von Arbeitskräften und Kapital sind ein weiteres Merkmal ökonomisch integrierter Volkswirtschaften. Die Wanderung von Arbeitskräften und Kapital wird ohne Behinderung durch Grenzkontrollen in die Regionen erfolgen, in denen jeweils die höchsten Erträge (und deshalb die höchsten Löhne und Kapitalrenditen) zu erwarten sind. Damit ist die Möglichkeit der optimalen Allokation der Produktionsfaktoren (vgl. Kap. II) in dem integrierten ausgedehnten Markt gegeben, und gleichzeitig sind die Voraussetzungen für das größtmögliche wirtschaftliche Wachstum der integrierten Volkswirtschaften geschaffen. Ein vergrößerter Markt vor allem für Arbeitskräfte bietet nachfragenden Unternehmen für bestimmte sehr seltene Spezialqualifikationen eine größere Auswahl und schafft mehr Chancen, Spezialbegabungen zu vertiefen und zu nutzen. All dies erhöht die Wahrscheinlichkeit, daß Neuerungen (neue Produkte, neue Produktionstechniken u. a.) entdeckt werden und fördert insgesamt das Innovationspotential der integrierten Volkswirtschaften und ihre Konkurrenzfähigkeit auf dem Weltmarkt.

Wirtschaftsordnungen, wie sie in der Praxis existieren, sind nie reine Marktwirtschaften. Auch in allen westeuropäischen Volkswirtschaften spielt der Staat eine mehr oder weniger große Rolle in der Wirtschaft. Volkswirtschaften, die sich durch Art und Umfang der Interventionen der wirtschaftspolitischen Instanzen, vor allem auf den verschiedenen staatlichen Ebenen, unterscheiden, sind allein durch die Einführung freien Güterhandels und freier Beweglichkeit der Produktionsfaktoren noch nicht optimal integriert: Die beteiligten Staaten müssen sich auch noch um die Koordinierung ihrer nationalen Wirtschaftspolitiken bemühen. Wichtige institutionelle Gegebenheiten sind dabei zu verändern, hier liegen die größten Hindernisse für die Schaffung eines einheitlichen Wirtschaftsraums. Deshalb wird zum Beispiel die Einführung der Währungsunion, die eine einheitliche Geld- und damit auch harmonisierte Wirtschaftspolitik erfordert, immer einer der letzten Schritte bei der Integration von Volkswirtschaften sein.

Die Integration von Volkswirtschaften erfolgt im allgemeinen in folgenden großen Stufen:

a) In der **Freihandelszone** werden zunächst alle Handelshemmnisse, wie Importzölle und Importmengenbeschränkungen abgeschafft. Der Güterhandel zwischen den beteiligten Volkswirtschaften wird frei, jedoch wendet jedes Land noch eigene Zolltarife gegenüber Drittländern an, so daß die Importe in jedem Land einer Ursprungskontrolle (hinsichtlich der Drittlandherkunft) unterliegen müssen.

b) In der **Zollunion** entfallen die länderspezifischen Zolltarife, die integrierten Volkswirtschaften wenden gegenüber Drittländern einen gemeinsamen Außenzolltarif an. Sobald ein Gut die Außengrenzen der Zollunion überschritten hat, kann es frei ausgetauscht werden.

c) Der **Gemeinsame Markt** ist zunächst einmal eine Zollunion, gleichzeitig wird den Produktionsfaktoren, Arbeitskräften und Kapital freie Beweglichkeit innerhalb des gemeinsamen Marktes zugesichert. Die Politik gegenüber Drittländern kann unterschiedlich sein, zum Beispiel in bezug auf Kapitalbewegungen gemeinsame Regelungen anwenden, in bezug auf Arbeitskräfte nationale Sonderbestimmungen zulassen.

d) Die **Wirtschaftsunion** ist bereits der erste Schritt über die rein ökonomische Integration von Volkswirtschaften hinaus in Richtung auf eine politische Union. Die wichtigsten Gebiete der Wirtschaftspolitik — Wettbewerbspolitik, Stabilisierungs- und Geldpolitik sowie Verteilungs-(Sozial-)Politik — sollten relativ eng koordiniert sein.

e) In der **Währungsunion** werden entweder unveränderlich fixierte Wechselkurse und vollkommene und unwiderrufliche Konvertibilität der Währungen aller Mitgliedsstaaten bei völliger Liberalisierung des Kapitalverkehrs geschaffen, oder man führt eine gemeinsame Währung für das Gebiet der Währungsunion ein.

f) Die **Wirtschafts- und Währungsunion** ist die engste Form der wirtschaftlichen Integration, die alle bisher genannten Kriterien erfüllen sollte, die deshalb »binnenmarktmäßige« Verhältnisse zeigt und Ansätze zur politischen Union enthält.

g) Darüber hinausgehend läßt sich nur noch eine »**vollkommene Wirtschaftsunion**« schaffen, die den Verhältnissen innerhalb eines Bundesstaates entspricht, also einer **politischen Union** mehr oder weniger nahekommt.

Jede wirksame Integration von Volkswirtschaften und Staaten erfordert die Schaffung gemeinsamer Regeln und gemeinsamer Institutionen und, bei den intensiveren Stufen der Integration, auch die Übertragung nationaler Zuständigkeiten auf die gemeinsamen übernationalen Institutionen.

Die Geschichte der Europäischen Gemeinschaft (EG oder European Community: EC) begann 1952 mit dem Vertrag von Paris, der die Europäische Gemeinschaft für Kohle und Stahl (EGKS, Montanunion) schuf. 1958 kam durch den Vertrag von Rom die Europäische Wirtschaftsgemeinschaft (EWG oder European Economic Community: EEC) hinzu, gleichzeitig wurde 1958 die Europäische Atomenergiegemeinschaft (Euratom) gegründet. 1967 wurden die genannten Organisationen durch gemeinsame Organe zur EG verschmolzen, und seit 1968 besteht die Zollunion. Gründungsmitglieder der mit dem Sammelbegriff »Europäische Gemeinschaft« bezeichneten Organisationen waren die drei Beneluxstaaten, Frankreich, Italien und die BRD, 1973 kamen Großbritannien, Irland und Dänemark, 1981 Griechenland hinzu, 1986 traten dann Spanien und Portugal bei.

Bis zur Vollendung des europäischen Binnenmarktes Ende 1992 ist noch eine Vielzahl bestehender materieller, technischer und steuerlicher Schranken zwischen den Volkswirtschaften abzubauen.

VIII. Ökonomie und Ökologie: Kein Gegensatz

1. Die Umwelt als Gut und Produktionsfaktor

In den letzten Jahrzehnten ist das Gebiet der Umweltökonomie zum einen wegen der verstärkten Belastung der Umwelt immer wichtiger geworden und hat auch im Bewußtsein der Menschen weltweit eine wachsende Bedeutung gewonnen. Zum anderen sind in der Theorie der Umweltökonomie und der Nutzung natürlicher Ressourcen besonders interessante Fortschritte erzielt worden, und viele Forscher haben dem bei der Behandlung von Umweltproblemen überaus wichtigen Zusammenwirken von Markt und Staat zunehmende Aufmerksamkeit geschenkt; dabei ist die Frage nach den zweckmäßigsten institutionellen Regelungen von vielen Seiten behandelt worden. In der Diskussion sind vor allem *Verordnungslösungen* (Ge- und Verbote) und *marktnahe Lösungen* wie Gebühren, Zertifikate und Haftungen in Verbindung mit einer Versicherungspflicht.

Die Umwelt ist eine von der Natur ursprünglich vorgegebene Ressource, die sich innerhalb relativ weiter Grenzen selbst regeneriert: sie ist also

1. *eine erneuerbare natürliche Ressource;* sie kann dabei von den Menschen mit den in der Wirtschaft zur Verfügung stehenden Ressourcen unterstützt, also systematisch verbessert werden und ist insoweit auch

2. *ein produzierbares Gut.*
   Von ihrer Bestimmung im Rahmen menschlicher Aktivitäten ist die Umwelt

3. *ein Konsumgut,* das in einer Mindestqualität sogar lebensnotwendig ist, und schließlich — vor allem in Industriewirtschaften — dient die Umwelt

4. als *ein wichtiger Produktionsfaktor,* indem Luft, Wasser und Erdreich als Abfallbehälter für Neben- oder Abfallprodukte benutzt werden; teilweise sind für Erhaltung und Regeneration der Natur aber auch Investitionen nötig.

Soweit diese Emissionen vollständig absorbiert werden, schließt sich der Kreis zu der unter (1) erwähnten Eigenschaft. Insgesamt hätten wir in diesem Fall ein ökologisches Gleichgewicht. Da dies aber üblicherweise nicht, und schon gar nicht automatisch geschieht, ist der Einsatz *umweltpolitischer Instrumente* nötig.

Die theoretische Grundlage für die Behandlung der Umweltprobleme ist das Konzept der *externen Effekte,* die durch die unzureichende Zuweisung von Eigentumsrechten entstehen: Luft und Wasser »gehören« niemanden. Ihre Nutzung ist ein öffentliches Gut; der einzelne muß dafür nichts zahlen, wie das für private Güter gilt. Die Schäden, welche durch die Nutzung der Umwelt für andere Menschen entstehen, sind nicht beabsichtigte, aber hingenommene Nebenwirkungen der Aktivitäten eines Wirtschaftssubjektes auf ein anderes. Der externe Effekt wird nicht marktmäßig gehandelt: es besteht deshalb kein Anreiz, ihn zu unterlassen. Derjenige, der vom externen Effekt betroffen wird, hat über den Markt keinen Einfluß darauf und wird dafür auch nicht entschädigt.

Wenn zum Beispiel ein Chemiewerk einen Fluß als Abfallbehälter benutzt und das Wasser sich nicht mehr zum Baden eignet und Fische sterben, so schädigt das Chemiewerk den Erholungssuchenden und die Fischer. Beides ist nicht beabsichtigt, wird aber hingenommen. Dieser Effekt ist ein (markt)externer, denn die Nutzung des Flusses wird nicht marktmäßig gehandelt. Wir haben es mit konkurrierenden Nutzungen des Wassers zu tun, über die kein Marktpreis entscheidet, solange keine Eigentumsrechte bezüglich der Nutzung definiert sind und auch durchgesetzt werden können.

Solche externen Effekte können grundsätzlich beim Konsum wie in der Produktion entstehen. Externe Effekte großen Ausmaßes werden von Konsumenten und Produzenten durch die

Abgase im Individualverkehr verursacht. Bei der Produktion sind es beispielsweise Nitrate aus landwirtschaftlicher Düngung im Trinkwasser oder Schwefeldioxid aus Kraftwerken. Schäden sind von den Gesundheitsschäden bis zu den Wirkungen des sauren Regens weltweit bekannt. Es gibt aber auch positive externe Effekte: Zwischen einer Imkerei und einer Gärtnerei sind die externen Effekte wechselseitig positiv, wenn die Bienen die Blumen bestäuben und sich dabei ernähren. Auch wo die Landwirtschaft in den Bergen die Kulturlandschaft erhält und die Urlauber sich an gepflegten Anwesen erfreuen, hat man positive externe Effekte.

Das Vorhandensein externer Effekte bedeutet, daß der Verursacher in seiner Entscheidung nicht sämtliche für die Gemeinschaft der Menschen relevanten Größen mit einbezieht. Der externe Effekt beinhaltet (markt-)externe Kosten, die *anderen* entstehen, aber nicht ins Kalkül einbezogen werden. Die Konsequenz ist das Entstehen einer falschen Produktionsstruktur. Es fehlen die Anreize zum Umweltschutz: Stark umweltschädigende Produktionsprozesse werden in zu großem Umfang, »umweltfreundliche« Produktionsprozesse bzw. Produkte dagegen in zu kleinem Umfang genutzt.

Die Aufgabe der Umweltpolitik ist es, möglichst weitgehend eine »Internalisierung der Kosten« zu erreichen, das heißt, daß der Unternehmer auf sämtliche Kosten Rücksicht nehmen muß — nicht nur auf die, welche bei ihm selbst — direkt — entstehen, sondern auch auf die, welche durch ihn bei anderen bzw. an der Umwelt entstehen.

Dieses Kapitel soll zeigen, daß die häufig vorgenommene Gegenüberstellung von Ökonomie und Ökologie als konkurrierende *Ziele* nur in *einer* Interpretation dieser Begriffe gerechtfertigt ist, soweit es nämlich um einander ausschließende Ziele geht, wie etwa eine maximale Güterproduktion im Gegensatz zu einer Bewahrung einer Umwelt, oder auch die Nutzung derselben Fläche Boden als Wiese und als Bauland.

Interpretiert man aber *Ökologie* als System wechselseitiger Zusammenhänge in der Natur und *Ökonomie* als die Wissenschaft, die sich bei vorgegebenen Zielen mit der besten Verwendung knapper Ressourcen beschäftigt, dann behandeln diese beiden Begriffe keinen Gegensatz mehr, sondern liegen auf ganz unterschiedlichen Ebenen.

In diesem Sinne werden *ökologische Ziele* zu einem *Teil* der im Wirtschaftlichen anzustrebenden oder erreichbaren Ziele, von denen je nach den vorhandenen Ressourcen und der *Gewichtung* der einzelnen Ziele mehr von dem einen oder mehr von den anderen Zielen realisiert werden kann.

2. Umweltnutzung für den Konsum und die Produktion

Die Entscheidung über die Nutzung der Umwelt und insbesondere über die Umweltbelastung behandeln wir anhand eines Beispiels. Wir stellen uns eine Familie vor, die ein Stück Land bewohnt und dort ohne die Beschäftigung anderer Mitarbeiter in einem kleinen Industriebetrieb Güter produziert. Ein alternativer Standort für die Produktion existiere nicht. Bei der Produktion fallen normalerweise Emissionen an, diese belästigen außer den eigenen Familienmitgliedern aber niemanden, weil der Abstand zur nächsten Siedlung genügend groß ist. Die Emissionen sind in großen Mengen giftig, in kleinen Mengen sind sie nur mehr oder weniger unangenehm.

Alle ökonomischen Beziehungen zu anderen Wirtschaftseinheiten außerhalb der Familie laufen über Märkte. Die Familie trifft alle für sie relevanten Entscheidungen selbst, also betriebs- oder familien*intern*. Unter diesen Annahmen gibt es keine (markt-)externen Effekte, die durch staatliche Aktivität korrigiert oder *internalisiert* werden müßten.

Ohne Güterproduktion wäre die Lebensgrundlage der Familie nicht gesichert, die Güterproduktion ist aber untrennbar mit der Emission von Schadstoffen verbunden.

In dieser Situation muß ein Mittelweg zwischen völlig sauberer Umwelt und lebensbedrohlichen Produktionsmethoden gefunden werden. Das heißt: es ist nach einer *optimalen Umweltqualität* zu suchen, welche auf der Anwendung ökonomischer

Prinzipien beruht. Man muß, wie jetzt zu zeigen ist, eine Art von Kosten-Nutzen-Analyse vornehmen.

Der Extremfall völlig sauberer Umwelt scheidet als annehmbare Lösung aus, weil einerseits damit den Menschen ihre Lebensgrundlage entzogen würde und andererseits kleine Emissionsmengen leicht absorbiert und auch nicht als belästigend empfunden werden. Gegenüber einer starken Einschränkung der Produktion mit entsprechend sehr niedrigem Einkommen bringt deshalb die Tolerierung kleiner Emissionsmengen der Familie nach ihrer eigenen Wertung eine klare Verbesserung: der Nutzen aus erhöhten Einkommen überwiegt die *kleinen* Umweltschäden; deshalb liegt das Optimum der Umweltqualität sicherlich rechts vom Nullpunkt der Emissionsmenge — vgl. Abb. 23.

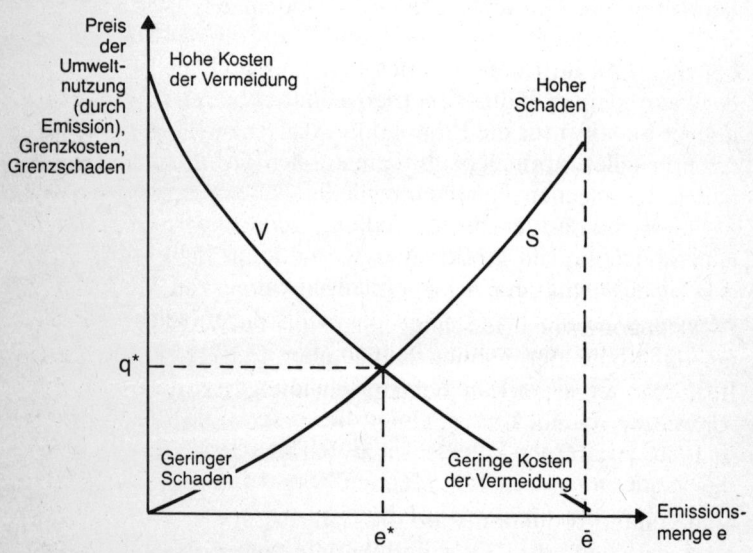

Abbildung 23

Größere Emissionsmengen bedeuten eine weniger stark durch Umweltrücksichten gehemmte Produktion, damit weiter verbesserte Einkommensmöglichkeiten und einen vergrößerten Konsum an materiellen Gütern, gleichzeitig aber eine sich ver-

166

schlechternde Umwelt. Das Leben wird weniger angenehm, und die Menschen erkennen, daß der kontinuierliche Strom an Emissionen auf die Dauer ihrer Gesundheit schadet. Das setzt der Menge der tolerierbaren Emissionen bestimmte Grenzen und schließt den Fall völlig bedenkenloser Nutzung der Umwelt aus.

Die vom Standpunkt der Produktion maximal *sinnvolle* Umweltbelastung in unserem Beispiel (vgl. Abb. 23) ist $\bar{e}$: die dabei auftretenden Schäden sind sehr viel höher als die Kosten, die eine Verringerung der Emissionen mit sich bringen würde. Dabei könnten Emissionen auf drei Wegen vermindert werden: erstens durch die Einführung umweltfreundlicherer Technologien (einschließlich dem Einbau von Filtern), zweitens durch das verstärkte Ausweichen auf Güter, deren Produktion weniger Emissionen erfordert, drittens durch die Verringerung der Produktionsmengen.

Da die Schäden durch die maximale Emissionsmenge $\bar{e}$ sehr hoch sind, werden die zunächst geringen Kosten der Vermeidung von Schäden leicht in Kauf genommen: damit kann die Gesamtsituation der Familie wesentlich verbessert werden. Je mehr aber der Betrieb sich von Punkt $\bar{e}$ nach links bewegt, desto teurer wird es, die Emissionen durch den Einbau zusätzlicher Filter und das Ausweichen auf andere Güter zu vermindern, gleichzeitig aber wird die Verbesserung der Umwelt als weniger dringend empfunden: das heißt die mögliche *Verbesserung* stiftet immer weniger Nutzen.

Irgendwo zwischen den beiden genannten Extremen werden zusätzliche Kosten der (weiteren) Vermeidung von Emissionen und die zusätzlichen Vorteile der Verbesserung der Umweltqualität als gleichwertig empfunden: Dieser Punkt stellt das Optimum dar. Links davon werden die zusätzlichen Umweltvorteile geringer angesehen als die zusätzlichen Kosten der Emissionsvermeidung; rechts davon wird die Zunahme der Schäden höher bewertet als die Kostenersparnis durch die Zulassung zusätzlicher Emissionsmengen.

In diesem Fall wird nicht ausdrücklich ein Preis für die Nutzung der Umwelt bezahlt. Da die Menschen aber bereit sind,

Kosten der Schadensvermeidung aufzubringen, hat die Qualität der Umwelt jedoch zweifellos einen Preis.

3. Angebot und Nachfrage nach Umweltnutzungen und Grundsätze der Umweltpolitik

In der Wirklichkeit besteht selten die Möglichkeit einer direkten Verknüpfung von Produzenten- und Konsumenteninteressen. Auch wenn die Interessen von verschiedenen Wirtschaftseinheiten wahrgenommen werden, sind die zugrundeliegenden Prinzipien für den Interessenausgleich jedoch dieselben. Allerdings ist die Anwendung komplizierter.

Wir betrachten zuerst die Produzenten als die Nutzer der Umwelt für Zwecke der Produktion und wenden uns anschließend den Bürgern zu, die als Konsumenten von produzierten Gütern und von guter Umwelt ein Interesse an beidem haben. Die Umwelt ist ein geschätztes Gut. Eine saubere Umwelt kann aber nicht wie ein privates Gut individuell gekauft, bezahlt und genutzt werden, sondern steht allen Nutzern zur Verfügung. Solange die Gesellschaft bzw. der Staat nicht eingreift, wird die Umwelt als ein freies Gut genutzt, und niemand wird von der Nutzung ausgeschlossen. Wenn man nicht — wie oben angenommen — eine kleine Produktionseinheit in isolierter Lage betrachtet, dann treffen die Emissionen andere Bürger als negative *externe Effekte*. Das heißt, es entstehen Schäden, deren Höhe nicht über Marktprozesse gesteuert werden: für die Produzenten besteht kein Anreiz, die aufgrund von Emissionen entstehenden Schäden in ihr eigenes Kostenkalkül einzubeziehen.

Betrachten wir das Beispiel des Chemiewerks, das den Fluß als Abfallbehälter benutzt. Eine Verringerung der Emissionen würde Kosten verursachen. Je niedriger die Emissionen, desto höher sind die zusätzlichen (Grenz-)Kosten, die bei einer Reduktion der Emissionen um eine weitere Einheit anfallen. Die Kurve V gibt die Grenzkosten der Emissionsvermeidung an (Abb. 23). Wenn die Umwelt als freies Gut genutzt werden kann, muß für Emissionen kein Preis gezahlt werden. In dieser

Situation würde das Chemiewerk die Menge $\bar{e}$ emittieren, bei der keine Kosten der Vermeidung anfallen.

Muß dagegen für die Emissionen ein Preis gezahlt werden (für die Nutzung der Umwelt als Abfallbehälter), so wird das Chemiewerk abwägen, ob es günstiger ist, den Preis für die Nutzung zu zahlen oder die Schadstoffemissionen zu reduzieren. Solange die Grenzkosten der Vermeidung niedriger als der Preis für die Erlaubnis einer zusätzliche Emissionseinheit sind, lohnt es sich, die Emissionen einzuschränken. Sobald die Grenzkosten diesen Preis übersteigen, ist es billiger, die Umwelt als Abfallbehälter zu nutzen und dafür den geforderten Preis zu zahlen. Bei einem Preis q^* etwa wird die Emission von $\bar{e}$ auf e^* reduziert. Die Grenzkostenkurve (der Emissionsvermeidung) des Chemiewerks kann man deshalb als Nachfragefunktion nach Umweltnutzung für Emissionen (Umwelt als Abfallbehälter) interpretieren.

Von den Emissionen werden zum Beispiel Erholungssuchende und Fischer geschädigt. Je höher die Emissionen bereits sind, desto stärker ist im allgemeinen der (Grenz-)Schaden pro zusätzlicher Emissionseinheit. In Abb. 23 gibt S die (Grenz-) Schadensfunktion an. Sie hat den Verlauf der bekannten Angebotsfunktionen und ist in der Tat eine Art *Angebotsfunktion für Umweltnutzungen*. Diese Funktion gibt an, unter welchen Bedingungen — zu welchen Preisen — die betroffenen Bürger Schäden in Kauf nehmen wollen, also die Nutzung der Umwelt als Abfallbehälter zu tolerieren bereit sind; sie ordnet dementsprechend Nutzungspreise q und Emissionsmengen e einander zu.

Es ist wichtig, hierbei zu betonen: es sind nicht individuelle Schäden irgendwie »objektiv« zu ermitteln, sondern es geht um die Feststellung der Bereitschaft, Emissionen zu tolerieren. Diese Bereitschaft hängt auch von erlebten tatsächlichen Schäden und von den erwarteten zukünftigen Schäden ab, aber in erster Linie von der Wertschätzung guter Umwelt als Konsumgut im Vergleich zur Nutzung der Umwelt als Abfallbehälter für die Produktion.

Wie für normale Güter, so gilt auch hier das, was in Kapitel II über die Nachfrage gesagt wurde:

(1) Je stärker ausgeprägt das Umweltbewußtsein und damit auch die Präferenzen für die Umwelt und

(2) je höher das Einkommen und der Lebensstandard, desto geringer ist die Bereitschaft, auf gute Umwelt zu verzichten und Luftverschmutzung zu tolerieren. Dies gilt erst recht, wenn sich der Zustand der Umwelt gegenüber einer Vergleichssituation in der Vergangenheit verschlechtert hat.

Die bisherigen Überlegungen können wir wie folgt zusammenfassen: Die Nachfragefunktion nach Umweltnutzung für die Güterproduktion ergibt sich als die (aggregierte) Summe aus den (Grenz-)Kostenfunktionen der Emissionsvermeidung. Die Gesamt-Angebotsfunktion entsteht aus der Aggregation der (Grenz-)Schadensfunktionen der Emission und zeigt die Wertschätzung der Vermeidung zusätzlicher Emissionen: diese Wertschätzungen ergeben sich daraus, daß die Menschen eine gute Umwelt genießen und Schäden vermeiden wollen.

Die optimale Emissionsmenge ist durch den Schnittpunkt der Nachfragekurve (Grenzkosten der Emissionsvermeidung) mit der Angebotsfunktion (Grenzschaden der Emission) bestimmt. Wenn die Grenzschäden der Emission die Grenzkosten der Vermeidung übersteigen, ist es gesamtwirtschaftlich sinnvoll, die Emissionsmenge zu reduzieren. Andererseits wäre es gesamtwirtschaftlich nicht rentabel, die Emissionen noch weiter zu verringern, wenn die dabei zusätzlich anfallenden Kosten über den dadurch zusätzlich verringerten Schäden liegen. In Abb. 23 ist somit e* die optimale Emissionsmenge.

Auf einem Markt für Umweltnutzung (Emissionen) sollte sich deshalb der Preis q* ergeben: Je Emissionseinheit müßten die Unternehmen diesen Preis entrichten. Umgekehrt könnten die Geschädigten eine (Geld-)Kompensation in Höhe ihrer Grenzschäden erhalten. Auf der Angebotsseite funktioniert jedoch der Marktmechanismus nicht: weil die Verringerung der Emission ein öffentliches Gut ist, hat jeder Geschädigte einen Anreiz, seine Grenzschadensfunktion zu übertreiben, um so eine möglichst hohe Entschädigung zu erzielen. Ein Angebot zur Tolerierung von Emissionen kann somit nicht von den einzelnen Bürgern kommen, sondern nur von der Gesamtheit der Bürger über *politische Prozesse.* Der einzelne Bürger kann seinen Präferenzen nur in Wahlen, Abstimmungen oder auch Befragungen Ausdruck geben. Wie bei privaten Gütern — direkt, durch Tausch — ist dies nicht möglich. Darin besteht die Schwierigkeit der Ermittlung der Gesamtheit der Bürgerpräferenzen — ganz abgesehen von den Informationsmängeln über die Umweltschäden.

Auf seiten der Nachfrager nach Umweltnutzung (durch Emissionen) ist es jedoch sehr wohl möglich, sich der Wirkung von ökonomischen Anreizen zu bedienen. Gehen wir davon aus, daß im politischen Prozeß entschieden wurde, die Gesamtmenge an Emissionen gegenüber der Ausgangssituation zu halbieren. Wir betrachten den Fall, daß die Emissionen von zwei Unternehmen mit unterschiedlichen Grenzkosten der Vermeidung verursacht werden. in Abb. 24 sind die Grenzkosten für Unternehmen A hoch, für Unternehmen B dagegen niedrig. Die Halbierung der Emissionen kann durch eine Verordnung oder durch eine marktähnliche Lösung verwirklicht werden. Die Marktlösung ist gegenüber der Verordnung überlegen, weil sie die gleiche Wirkung zu volkswirtschaftlich niedrigeren Kosten erzielen kann.

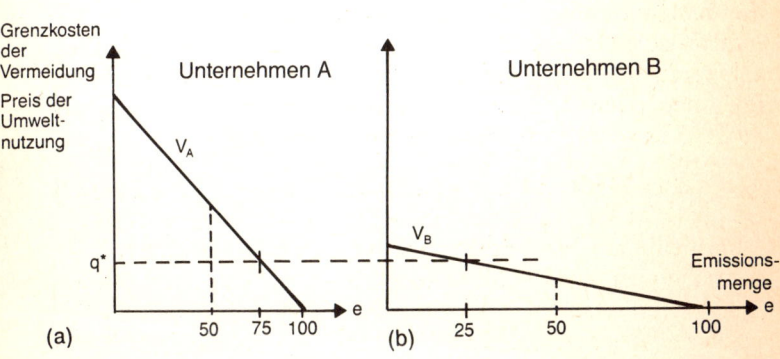

Abbildung 24

Wird für beide Betriebe die Halbierung der Emissionen *verordnet,* so muß jedes Unternehmen seine Emissionen von 100 auf

50 verringern. Die Grenzkosten der Vermeidung sind aber für Unternehmen A weit höher als für Unternehmen B. Volkswirtschaftlich wäre es deshalb rentabel, wenn das Unternehmen B mit den niedrigen Grenzkosten seine Emissionen stärker reduziert, während dafür das Unternehmen A mit höheren Grenzkosten mehr emittiert. Bei gleicher Gesamtmenge tolerierter Emission ergäbe sich dadurch eine Kostenersparnis, bis die Grenzkosten der Reduktion für beide Unternehmen gleich sind. Würde der Preis q* (vgl. Abb. 23) berechnet, würde jedes Unternehmen die Emission so viel verringern, bis die Grenzkosten gleich dem Preis sind: in Abb. 24 ergibt sich bei Unternehmen A eine Reduktion der Emission auf 75 Einheiten, bei Unternehmen B (wegen der viel geringeren Vermeidungskosten) auf 25 Einheiten.

Die gleiche Wirkung könnte erzielt werden, wenn den Betrieben Lizenzen zugeteilt würden, die ihnen — zunächst einmal — die geplanten Emissionsmengen erlauben: dann aber könnten die beiden Betriebe mit den Lizenzen handeln: Jeder Betrieb vergleicht den potentiellen Preis der Lizenz mit den eigenen Kosten der Emissionsvermeidung. Im Fall der in Abb. 24 angenommenen (Grenz-)Emissionsvermeidungskosten würde Betrieb A Lizenzen kaufen, Betrieb B würde Lizenzen verkaufen, weil seine Vermeidungskosten niedriger sind als die vom ersten Betrieb. Es würde sich ein Marktpreis von q* einstellen.

Die Umweltprobleme der Wirklichkeit sind viel komplexer, als es unsere Beispiele zeigen konnten, weil es

— sehr viele Schadstoffe gibt, welche die Umwelt belasten,

— viele Wirkungszusammenhänge gibt, die zum großen Teil noch nicht genügend erforscht sind, insbesondere weil

— zwischen manchen Schadstoffen sogenannte Synergismen auftreten, bei denen die Wirkungen der einzelnen Elemente sich nicht einfach addieren, sondern sich zum Teil verstärken, manchmal allerdings auch zum Teil neutralisieren, und insbesondere, weil

— viele Wirkungen erst viel später beobachtbar sind, und nicht nur gegenwärtige, sondern auch die

— zukünftige Wertschätzung der Umwelt bekannt sein müßten.

Zudem ist zu unterscheiden zwischen Umweltschäden,

— die nur *an einem* Ort auftreten, weil die Emissionen sich nicht in der Fläche ausbreiten und solchen,
— die interregional oder gar global wirksam werden.

Bei globalen Schäden, wie sie im Zusammenhang mit der Abholzung tropischer Regenwälder oder dem Treibhauseffekt und dem Ozonloch zu beobachten sind, ist jeweils eine weltweite Regelung nötig. Auch hier kommt es auf die Definition der Eigentumsrechte an. Da die Erdatmosphäre allen Menschen gehört, aber die reichen Industrieländer stark zu ihrer Schädigung beitragen und gleichzeitig die Bewohner der reichen Länder am stärksten an guter Umweltqualität interessiert sind, werden sie auch als Konsumenten wesentliche Beiträge zur Eindämmung weiterer Schäden zu leisten haben.

Für lokal oder regional begrenzte Schäden sind entsprechend lokale, regionale oder nationale Regelungen adäquat. Innerhalb der Europäischen Gemeinschaft fordern die einen einheitliche Regeln, die anderen betonen mit Recht, daß bei regional unterschiedlichen Schäden und unterschiedlichen Bewertungen der Schäden auch differenzierte Gesetzgebungen vertretbar sind.

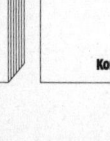

KOMPAKTWISSEN

HEYNE BÜCHER

Die Taschenbuch-Reihe von heute, für die Erfolgreichen von morgen

WOLF RUEDE-WISSMANN

Super-selling

Vier neue Strategien für den erfolgreichen Verkäufer

Kompaktwissen

22/274

HENDRIE WEISINGER

Kreative Kritik

Mit negativen Wertungen positiv umgehen

Kompaktwissen

22/275

URSULA GERSBACHER

Körpersprache im Beruf

Das Bewerbungs-gespräch

Dynamik und Belastbarkeit signalisieren – Selbstsicherheit demonstrieren – Verborgene Widersprüche wahrnehmen

Kompaktwissen

22/276

SIEGFRIED BROCKERT

Stress-Management

Die neue, ganzheitliche Methode, die sofort funktioniert: Gelassenheitstraining – Power walking – Gedankenstops

Kompaktwissen

22/258

URSULA GERSBACHER

Körpersprache im Beruf

Außendienst und Verkauf

Automatische Zielansprache – Unbewußte Signale erkennen – Positive Impulse senden

Kompaktwissen

22/277

KARL BRENNER

Grundwissen Recht

Bürgerliches, Handels-, Zivilprozeß- und Wirtschaftsrecht

Kompaktwissen

22/280

BERNT SCHUMACHER

Grundwissen Kosten-Rechnung

Wirtschaftlichkeitskontrolle und Kalkulation in der betrieblichen Praxis

Kompaktwissen

22/281

MIKE WOODS

Karriere-Start

Trainingsprogramm für den optimalen Einstieg ins Management

Kompaktwissen

22/259